Rudolph's cupcakes

Rudolph van Veen

Rudolph's cupcakes

Rudolph van Veen

bake & relax

Karakter Uitgevers B.V.

Concept, receptuur en foodstyling:
Rudolph van Veen

Redactionele ondersteuning:
Leonie van Mierlo – www.icileonie.nl

Vormgeving en artwork omslag en binnenwerk:
De Heeren van Vonder – www.dhvv.nl

Fotografie:
Sam Walravens – www.samwalravens.nl

Pag. 8-10 & 12-13:
Studio Aksento Fotografen – www.aksento.com

Dit boek kwam mede tot stand door bemiddeling van House of Talent.

Zesde druk, 2011

ISBN 978 90 452 0163 4
NUR 440

INHOUD

VOORWOORD

Koken is mijn lust en mijn leven, maar bakken heeft altijd iets speciaals voor mij. Het maken van gebak en patisserie staat voor mij het dichtst bij het gevoel van trakteren. Zoals vroeger op de basisschool, als je jarig was. Het plezier van het bakken is denk ik vooral het plezier van het straks mooi presenteren en geven of delen met anderen. Lachen en teruglachen. Juist daarom heeft het maken van gebak altijd iets feestelijks. Vrijwel alle jonge kinderen maken graag kleine cupcakes in kleurige papiertjes en weten vaak al meteen welke cupcake ze voor wie willen versieren. Alle ouders en grootouders kennen het gevoel van het proeven van het lekkerste cakeje of koekje van de hele wereld, gewoon omdat hun kind of kleinkind het heeft gemaakt.
Goed gebak smaakt echt zo zoet als de liefde, simpelweg omdat die liefde er ook ingebakken zit.

Van alle soorten gebak vind ik cupcakes het mooiste voorbeeld van 'democratisch gebak'. Cupcakes zijn voor iedereen en hebben geen last van een deftig imago. Bovendien zijn ze heerlijk makkelijk om te maken en heb je er nauwelijks speciaal gereedschap voor nodig. Cupcakes zijn *fashionable* en soms zelfs stoer. In de pop- en rockcultuur zijn cupcakes een regelmatige verschijning, zowel op tafel als in logo's, artwork en tattoo's. Het idee is simpel: een mals cakeje gebakken in een papieren cupje, opgespoten met een lekkere topping, versierd naar eigen stijl.
Makkelijk te maken, makkelijk te delen en makkelijk te eten.

Toch zie ik in de wereld van de cupcakes iets gebeuren waarover ik mij enorm verbaas en waar ik mij zelfs zorgen over maak. Namelijk het soms extreme gebruik van onnatuurlijke kleurstoffen, glitterpilletjes en ingrediënten met twijfelachtige e-nummers. Natuurlijk zijn cupcakes een vrolijke traktatie, maar daarom hoef je toch niet van die rotzooi te gebruiken? Waarom zou ons eten felblauw, groen of paars moeten zijn? Ik ken bakkers die deze kleurstoffen rijkelijk gebruiken maar niet zouden willen dat hun eigen kinderen deze kleurstoffen regelmatig zouden binnen krijgen. Heus, die kleurige knutselwerkjes zijn leuk om naar te kijken, maar toch echt niet om op te eten. In al mijn recepten gebruik ik uitsluitend gewone, begrijpelijke, natuurlijke ingrediënten.
Ook decoratiematerialen die kunstmatig gekleurd zijn wil ik niet gebruiken en daarom kan ik deze ook niet aan anderen adviseren. Het is misschien even wennen in het begin, maar als je deze keuze eenmaal hebt gemaakt, blijft er nog genoeg ruimte over om lekkere en creatieve cupcakes te maken met natuurlijke ingrediënten.

De bedoeling van dit boek is je te helpen en te inspireren. Al het andere doe je lekker zelf.

bake & relax

Rudolph van Veen
Meesterkok
Meesterpatissier

Rudolph

Mandy de Kort
Nino Schöningh
Martine van Leeuwen
BUSSTOP
Bakery
Joey Blanker
Maurice Schollen
Nicole Melchers
Rick op het Veld
Lidia Janssen

NEDERLANDS BESTE
STUDENTENBEDRIJF
WINNAAR 2011
BUS STOP
Bakery
STOP AND PICK YOUR
FAVOURITE CUPCAKE!
BUS STOP
PICK YOUR FAVOURITE
CUPCAKE!
2011

BUS STOP BAKERY

EEN AVONTUURLIJK CUPCAKEPROJECT MET ACHT STUDENTEN EN EEN ROZE BUS

Bus Stop Bakery is een 'student company' in het kader van Jong Ondernemen. Het is ontstaan uit een samenwerking tussen acht studenten van Fontys Academy for Creative Industries in Tilburg en mij als hun gastdocent. Toen de studenten mij vroegen of ik hun wilde helpen met een creatief idee hebben we eerst gezellig in een Tilburgse kroeg alle ideeën en wensen van iedereen op tafel gelegd. Ondernemerschap op een creatieve manier invullen was een absolute voorwaarde. Muziek vond iedereen heel belangrijk evenals het organiseren van evenementen die jongeren zouden aanspreken. Twee van de acht studenten hadden een duidelijke liefde voor bakken. 'Cupcakes!' riep ik enthousiast. En toen was het even stil... Maar al snel rolden de ideeën over tafel: we wilden net als een band of een theatergroep op tournee door Nederland in een oude bus die eruitziet als een rijdende bakkerij. Het was eind september en we wilden 21 maart, de eerste lentedag, van start gaan. In zes maanden werd het idee als volgt uitgewerkt en gerealiseerd.

Cupcakes

Alle recepten komen van mijn hand en werden in de bakkerij van mijn vriend en collega meesterpatissier Robert van Beckhoven vers gebakken en afgewerkt. Op de dagen dat de bus zou gaan rijden, stonden 's morgens alle cupcakes in koelboxen klaar.

Bus Stop Bus

We vonden een originele Amerikaanse schoolbus uit Pennsylvania. Het is een zogenoemde mini bus en mag daarom met rijbewijs B worden gereden. De bus werd helemaal onder handen genomen, roze gespoten en bestickerd als een soort rijdende cupcake. Van binnen kwam er een uitgifte buffet, Amerikaanse bankjes, een koellade, een koffieautomaat en mooie, plexiglazen vitrines. Via onze website maakten we bekend wanneer de bus ging rijden en waar hij zou stoppen. We reden naar plaatsen in heel Nederland en bezochten talrijke festivals waar we pas weer vertrokken wanneer de cupcakes waren uitverkocht.

Goede Doelen

Ten minste tien procent van de opbrengst van de verkochte cupcakes werd afgedragen aan de drie Nederlandse goede doelen waaraan de Bus Stop Bakery zich had verbonden: Pink Ribbon, Villa Pardoes en de Bart Foundation. Na aftrek van alle kosten kwam ook het resterende bedrag ten goede aan deze goede doelen.

Bus Stop Pop

Muziek was voor alle betrokken studenten zo belangrijk dat we besloten 'Bus Stop Pop' te creëren. Aanstormende talenten van onder andere de Rockacademie in Tilburg reisden mee met de bus en gaven kleine, intieme concerten tijdens verschillende busstops. Soms versterkt, vaak akoestisch. Op deze manier werd een cupcake eten bij de bus een bijzondere beleving en het gaf de Bus Stop Bakery muzikanten een podium.

Bus Stop Bakery werd een regelrechte hit en is aan het einde van het schooljaar tijdens de landelijke finale van de wedstrijd 'Jong Ondernemen' uitgeroepen tot 'Beste studentenbedrijf HBO/WO van Nederland'.

STOP
HÉ
PICK YOUR FAVOURITE
CUPCAKE!
BUSSTOP
Bakery
busstopbakery.nl

BUSSTOP BAKERY
BUS STOP
PARKING NOT ALLOWED WEEKDAYS
7-9 AM AND 2-4 PM
(EXEPT NATIONAL HOLIDAYS)
PENALTY USD 300
HÉ
PICK YOUR FAVOURITE
CUPCAKE!

RUDOLPH'S CUPCAKE CHRONICLES

RUDOLPHS GOUDEN CUPCAKETIPS

VOOR JE BEGINT

TIP 1 VOORKOM KLONTEN EN SCHIFTEN
Zorg dat alle ingrediënten op kamertemperatuur zijn. Dit zorgt voor een makkelijke verwerking en voorkomt klontjes en schiften.

TIP 2 HOUD HET LUCHTIG
Meng het cupcakebeslag niet te lang. Hierdoor wordt het beslag taai en moeilijk te bewerken.

TIP 3 EERLIJK VERDELEN
Gebruik een ijslepel om het beslag over de cupcake-vormpjes te verdelen. Het verdelen gaat zo heel gemakkelijk en gelijkmatig.

TIP 4 VOORKOM INZAKKEN
Verwarm de oven voor op de juiste temperatuur en schuif de cupcaketray snel in de oven zodat je zo weinig mogelijk temperatuurverlies hebt. Open de oven tijdens het bakproces niet. Dit voorkomt inzakken.

TIP 5 EVEN PRIKKEN
Controleer voordat je de cupcakes uit de oven haalt of ze echt gaar zijn. Prik hiervoor met een cocktailprikker in de cupcakes.

TIP 6 BOTERCRÈME
Sommige toppings hebben een botercrème als basis. Dit is een combinatie van banketbakkersroom en luchtig geklopte boter. De banketbakkersroom is op twee manieren te maken (zie hoofdstuk Basisrecepten toppings op pag. 28): een 'kook'-methode of een 'snelle' methode. Bij de 'kook'-methode kook je banketbakkersroom in een pan. Heerlijk van smaak, alleen moet de room na bereiding afkoelen. Bij de 'snelle' methode roer je een instant custard aan met een vloeibare smaakstof (bijvoorbeeld melk, vruchtensappen of wijn). De room kan daarna direct worden verwerkt. Doordat je de vloeistof niet kookt, blijft de smaak volledig aanwezig. Deze methode is zeer aan te raden bij bijvoorbeeld de champagnecrème, omdat de alcohol dan niet verdampt.

TIP 7 NATUURLIJK
Gebruik alleen natuurlijke ingrediënten en vermijd kleurstoffen en kunstmatig gekleurde decoraties.

GEREEDSCHAPPEN

WAT HEB JE NODIG?

IN DIT HOOFDSTUK KOMEN RUDOLPH'S FAVORIETE KEUKENGEREEDSCHAPPEN AAN BOD

OVEN

Gebruik indien mogelijk een 'stille' oven. Dus zet de oven op de stand 'boven- en onderwarmte'. De ventilator in de oven draait dan niet. De temperatuur is in een heteluchtoven gemiddeld 15 tot 20 procent hoger dan in een stille oven. Door de verplaatsing van lucht kunnen de cupcakejes 'scheef bakken'. Elke oven heeft een eigen leven. Geen twee ovens bakken precies hetzelfde. Ga niet blind af op baktijden en temperaturen in recepten.

WEEGSCHAAL

Een goede weegschaal is gewoon onmisbaar. Een eenvoudig, digitaal weegschaaltje is perfect en precies.

CUPCAKEVORMPJES EN CUPCAKETRAY

Er zijn veel verschillende soorten en materialen voor het bakken van cupcakes op de markt. De cupcaketray's zijn gemaakt van staal en zijn vaak voorzien van een antiaanbaklaag. In deze traytjes zitten twaalf conische cupcake vormen. Mijn tip is om toch altijd ook papieren cupcakevormpjes te gebruiken (in de bakkerij ook wel caisses genoemd). Dit scheelt enorm bij het schoonmaken van de tray. Je vindt de cups in veel supermarkten bij de bakingrediënten, in kookwinkels en natuurlijk online. Er is een enorme variëteit in prints en kleuren. Een cupcaketray heb je echt nodig. Zonder tray zouden de cupcakes helemaal uitzakken tijdens het bakken.

Er zijn ook siliconenvormpjes en trays op de markt. Investeer in een goede kwaliteit. Deze zijn dan wel wat duurder, maar veel duurzamer in gebruik. Maak de cupcaketray altijd met een sopje schoon. Gebruik geen vaatwasser, het vaatwasmiddel is te agressief voor de trays en verkort de levensduur.

KEUKENMACHINE / MIXER

Voor bakfanaten is een keukenmachine met een kom aan te raden. Hiermee heb je altijd twee handen vrij. Hij klopt, mixt en kneedt alles gemakkelijk en perfect. Bij deze keukenmachine horen verschillende roerwerken: de garde, voor het luchtig kloppen van onder andere slagroom en eiwitschuim, de deeghaak, voor het kneden van zware deegsoorten, en de bisschophaak (genoemd naar het model van een mijter), door sommigen ook wel vlinder genoemd. De bisschophaak gebruik je onder andere voor het roeren van cupcakebeslag, en voor het luchtig roeren van crèmes. Als je geen keukenmachine hebt, is de mixer een goed alternatief.

SPUITZAKKEN

Tegenwoordig zijn er ook voor de hobbykok wegwerpspuitzakken te koop. Handig in gebruik en je kunt ze na gebruik weggooien. Knip met een schaar het puntje eraf zodat je er een spuitmondje in kunt doen. Er zijn ook nog steeds linnen spuitzakken te koop die aan de binnenzijde met een siliconenlaagje zijn afgewerkt.

SPUITMONDJES

Met verschillende spuitmondjes kun je op verschillende manieren je cupcakes opspuiten. Gladde en kartel spuitmondjes worden het meest gebruikt. Het merk Wilton heeft heel veel verschillende spuitmondjes voor extra creatieve motiefjes. Zij zijn te koop bij de betere kookwinkels en online. Gebruik bijvoorbeeld de Wilton no. 1 voor het opspuiten van een lintmotief (zie Mango Tango op pag. 80) en de Wilton no. 127 voor het opspuiten van een soort roosmotief (zie The King op pag. 78) en een bloemmotief (zie Chocopasta op pag. 100).

IJSKNIJPER

Het verdelen van het cupcakebeslag met behulp van een ijsknijper werkt echt het beste. Koop de juiste maat ijsknijper, dan weet je zeker dat elke cupcake gelijkmatig gevuld is.

GUMMIE SPATELS

Een rubberen spatel is onmisbaar. Hiermee kun je de kommen goed leegschrapen, de crèmes doorroeren, de spuitzakken vullen, enzovoort. Iedereen die patisserie maakt moet minstens één rubberen spatel in de keukenla hebben liggen.

INGREDIËNTEN

IN DIT HOOFDSTUK WORDEN DE MEEST GEBRUIKTE INGREDIËNTEN BESPROKEN

BAKPOEDER

Bakpoeder is een middel om deeg of beslag te laten rijzen zonder dat het de smaak beïnvloedt. Een ander bekend rijsmiddel is gist, maar dit geeft een duidelijke gistsmaak aan het deeg. Bakpoeder is meestal een mengsel van gelijke delen dubbelkoolzuur soda (ook wel baksoda genoemd) en citroen- of wijnsteenzuur. Doordat bakpoeder zo goed zijn werk doet, hoef je het cakebeslag slechts goed door elkaar te roeren. Het bakpoeder zorgt er tijdens het bakken voor dat de cupcakes mooi luchtig worden.

BLOEM, ZELFRIJZEND BAKMEEL EN VOLKORENMEEL

Tarwe-patentbloem wordt het meest gebruikt in gebak en cupcakes. Bloem is extra fijn gemalen en gezeefd en wordt gemaakt van tarwe. Zeef de bloem voor een luchtige verdeling. Doe dit samen met de bakpoeder, dit voorkomt klontjes. Zelfrijzend bakmeel is bloem waaraan al bakpoeder is toegevoegd. Volkorenmeel geeft een heel andere smaak en bite aan de cakes. Dit wordt minder vaak gebruikt maar het recept van volkoren cupcakes is zeker een aanrader.

RUDOLPH ZEGT:

'In de recepten in dit boek voeg ik de bakpoeder liever zelf toe om het gewenste resultaat in eigen hand te houden.'

BOTER EN PLANTAARDIGE VETTEN

Met boter bedoel ik roomboter. Boter is boter en niets anders. De rest is veredeld kaarsvet. Kies je voor boter, dan kies je vooral voor smaak. Onder het mom: niet in het vele zit het goede, maar in het goede zit het vele. Wil je niets dierlijks eten, kies dan voor vegan. Kies een goed, plantaardig vet, bijvoorbeeld crisco of palmvet en plantaardige margarine. Dit is ook een goed alternatief voor mensen met een lactose-intolerantie of een koemelkallergie.

CHOCOLADE

Chocolade is een mengsel van cacaopoeder, cacaoboter en suiker. Tegenwoordig wordt er veel gesproken over het cacaopercentage in chocolade. Maar houd bij aankoop vooral ook in de gaten hoe hoog het cacao-botergehalte is. Dit geeft met name de smaak aan de chocolade, en bepaalt voor een belangrijk deel de kwaliteit van de chocolade.

CUSTARDPOEDER

Custardpoeder wordt gebruikt om vla of pudding te maken. Het is een soort maïszetmeel en je verwerkt het zonder eieren te gebruiken. Er zijn veel verschillende merken in de supermarkt verkrijgbaar. Zowel 'kook'- als 'instant'-variaties. Lees in de aanwijzingen op de verpakking hoe je het kunt verwerken.

EIEREN

Gebruik verse, biologische uitloopeieren met het EKO-keurmerk. Als de code op het ei met een '0' begint, dan komt het ei van een biologische kippenhouderij. De maat van de eieren is van belang, er zit nogal een verschil tussen een S en een XL. In de recepten in dit boek ga ik altijd uit van een L (large). Verwerk eieren altijd op kamertemperatuur.

FRUIT

De meeste recepten voor fruitcupcakes gaan uit van een fruitpuree. Je kunt het fruit in een blender zelf pureren, maar je kunt ook fruitpuree kopen. Fruitsappen uit een pak zijn ook geschikt. Kijk hiervoor in het koelversvak in de supermarkt. Diepvriesfruit zoals frambozen en bosbessen zijn ook prima om te gebruiken. Pureer ze of spatel ze heel door het beslag.

GLUTENVRIJ / COELIAKIE

In dit boek staat een goed recept voor een glutenvrije cupcake. Gluten uit granen worden vermeden door het gebruik van boekweit. Speciaalzaken verkopen ook speciale cakemixen voor het bakken van cupcakes.

MELKSOORTEN: VOLLE MELK, KARNEMELK EN VEGAN

In de recepten in dit boek ga ik uit van volle melk. Het beste zou zijn om karnemelk te gebruiken. Het heeft bijna geen invloed op de smaak van de cupcakes en het zuur in de melk stimuleert de bakpoeder te rijzen. Maar om niemand af te schrikken, ligt de keuze geheel bij jou. Wil je niets dierlijks eten, kies dan voor vegan. In de natuurwinkel kun je terecht voor bijvoorbeeld sojamelk, amandelmelk of rijstmelk.

INGREDIËNTEN

OLIE

In de cupcakerecepten wordt veelal neutrale plantaardige olie gebruikt, zoals zonnebloemolie of rijstolie. Cupcakes die je bakt met olie in plaats van boter geven een malser eindresultaat.

ROOMKAAS

Er zijn verschillende soorten roomkaas te koop in de supermarkt. Houd er rekening mee dat roomkaas altijd even glad geroerd moet worden. Dit gaat makkelijker als de roomkaas op kamertemperatuur is. Kies het liefst voor de wat 'stevigere' roomkaas. Deze bevat minder water (zie De cupcake dokter, pag. 22).

SUIKER

In vrijwel alle recepten voor de cupcakes wordt normale kristalsuiker gebruikt. Rietsuiker heeft een lichtbruine kleur en een wat exotischer aroma. In basterdsuiker zit een beetje invertsuiker (glucose) waardoor het gebak iets langer vers lijkt, maar dit effect is minimaal. Bruine basterdsuiker is dankzij de toevoeging van melasse donker van kleur en duidelijk aromatischer van smaak. In sommige recepten wordt een deel bruine basterdsuiker gebruikt om zowel de kleur als smaak te beïnvloeden. In speciaalzaken of een toko kun je muscovado suiker vinden. Dit is een donkere, ruwe, niet bewerkte rietsuiker. Ook is hier gula djawa te vinden. Dit is suiker uit het uitgekristalliseerde sap van de palmboom en wordt traditioneel gebruikt in spekkoek. Wil of mag je geen suiker? Kies dan voor suikervervangers.

VANILLE

Geen enkel aroma kan op tegen de geur en smaak van echte vanille. Goede vanillestokjes zijn zacht en buigzaam en als je de verpakking opent, ruik je meteen de aromatische vanillegeur. Snijd voor gebruik het vanillestokje over de lengte doormidden en schraap met een mesje de kleine zwarte zaadjes eruit, het zogenoemde vanillemerg. Dit merg gebruik je in het recept voor de cupcakes of crème. Als je de leeggeschraapte vanillestokjes in een afgesloten pot (weckpot) met suiker doet, gaat het aroma over in de suiker. Zo maak je je eigen vanillesuiker. In veel supermarkten kun je vanille-essence kopen. Dit is een kunstmatig gemaakte vanillesmaak. Vanille-extract is wel weer een natuurlijk product, en dit wordt vooral in Amerika heel veel gebruikt. Zoek in de speciaalzaken naar het merk Nielsen-Massey. Zij maken erg goede extracten.

ZOUT

In zoet gebak is een snufje zout onmisbaar. Het zout in bijvoorbeeld de romige karamel (zie hoofdstuk Basisrecepten toppings, pag. 28) breekt het zoet heel mooi. Zout zorgt voor spanning en diepte in smaak.

vanille
suiker

DE CUPCAKE DOKTER

HET HOOFDSTUK OM DE MEEST VOORKOMENDE PROBLEMEN OP TE LOSSEN

Vraag: Hoe komt het dat mijn cupcakes scheef zijn? De gebakken cupcakes zijn scheef gebakken en aan één kant is het beslag eruit 'geploft' of eruit gelopen.

Antwoord: De oventemperatuur was te hoog. Hierdoor is de bovenkant van de cupcakes te snel gaar en afgesloten, terwijl de binnenkant nog rauw is. Het bakpoeder kan dan zijn werk niet meer doen en de druk in de cupcakes loopt op. Hierdoor wordt het cakebeslag opzij geduwd om ruimte te maken voor het rijzende beslag.

Oplossing: *Bak de cupcakes indien mogelijk in een 'stille' oven. Dus zet de oven op de stand 'boven- en onderwarmte'. De temperatuur is in een heteluchtoven gemiddeld 15 tot 20 procent hoger dan in een stille oven.*

Vraag: Hoe komt het dat mijn cupcakes zijn ingezakt?

Antwoord: Waarschijnlijk is de ovendeur te vroeg geopend om te kijken of de cupcakes al gaar zijn. De eerste 15 minuten in het 'leven' van een cupcake zijn kritiek. In deze tijd zorgt de bakpoeder ervoor dat de cupcake rijst. De prille cupcakes zijn erg gevoelig voor temperatuurschommelingen en tocht. Hoe meer suiker, vocht of vet een cupcake bevat, hoe langer het duurt om de structuur te 'zetten'.

Oplossing: *Om te controleren of een cupcake gaar is, kun je na 20 minuten de ovendeur snel openen en in de dichtstbijzijnde cupcake een cocktailprikker steken. Als deze er droog uit komt, dan is de cupcake gaar. Blijft er nog beslag aan zitten, dan is de cake van binnen nog niet gaar.*

Vraag: Waarom zijn mijn cupcakes onvoldoende gerezen?

Antwoord: Bakpoeder heeft, net als wij, niet het eeuwige leven. Controleer of de houdbaarheidsdatum van de poeder niet verlopen is. Daarnaast heeft bakpoeder als nadeel dat het snel samenklontert, waardoor het zich niet goed mengt met het beslag. Het gevolg is dat er een onregelmatige werking plaatsvindt.

Oplossing: *Zeef de bakpoeder samen met de bloem. Dit voorkomt het samenklonteren. Roer daarna dit mengsel ook eerst met de rest van de andere droge ingrediënten. Zo is de verdeling optimaal.*

Vraag: Hoe komt het dat mijn cream cheesetopping is gaan schiften? De cream cheesetopping wordt korrelig of lijkt geschift tijdens het kloppen met de keukenmachine.

Antwoord: Roomkaas bevat veel meer vocht (water) dan boter. Als de boter dit vocht niet goed kan opnemen, gaat de topping schiften. Als de roomkaas kouder is dan de boter, is de kans op schiften ook groot.

Oplossing: *Kies een roomkaas die stevig is, vermijd de roomkaas uit een kuipje. Roer de stevige roomkaas eerst goed glad voordat je deze aan de boter toevoegt. Mix niet langer dan strikt noodzakelijk. Zorg dat zowel de roomkaas als de boter op kamertemperatuur zijn.*

Vraag: Wat doe ik als mijn crème toch is gaan schiften?

Antwoord: Wanneer vloeistof is gaan schiften, kun je dit met een handig trucje oplossen. Bij een koude vloeistof kun je met iets warms de schift oplossen. Bij een warme vloeistof doe je dit door iets kouds toe te voegen.

Oplossing: *Zet de kom van de mixer even in een heet waterbad. Hierdoor wordt de crème verwarmd, de temperaturen worden gelijk. Haal de kom eruit en roer alles weer door elkaar.*

Vraag: Kan ik mijn restje botercrème hergebruiken?

Antwoord: Ja, botercrème is afgedekt in de koelkast een week houdbaar.

Oplossing: *Verwerk een lichte smaakcrème, bijvoorbeeld vanille of pindakaas, in een zwaardere smaak, bijvoorbeeld chocolade.*

BASISRECEPTEN CUPCAKES

EEN RECEPT IS NIETS MEER DAN EEN THEMA WAAROP JE EINDELOOS KUNT VARIËREN

Met een klein aantal basisrecepten kun je zelf met een beetje fantasie en durf oneindig veel variaties maken. Voor de cake gebruik ik zelf slechts vier basisrecepten: vanille-, chocolade-, volkoren- en fruitcake. Alle andere cakerecepten zijn steeds een afgeleide van deze basisrecepten. Voor de toppings of crèmes geldt eigenlijk hetzelfde. Als je je de recepten in dit basishoofdstuk goed eigen maakt, kun je alles maken en zul je al doende ervaren dat je al snel jouw eigen, originele cupcakes kunt maken.

= INGREDIËNTEN

= BEREIDINGSWIJZE

= RUDOLPH ZEGT

VANILLECUPCAKES

VOOR 12 CUPCAKES

200 gr bloem
1 eetl. bakpoeder (7 gr)
220 gr suiker
mespunt zout
1 ei
180 ml melk
60 ml zonnebloemolie
merg geschraapt uit een vanillestokje of
1 eetl. natuurlijk vanille-extract

Verwarm de oven voor op 180 °C. Zeef de bloem en bakpoeder boven een kom. Meng met een garde de suiker en het zout erdoor. Mix in een andere kom het ei met de melk, de zonnebloemolie en de vanille. Voeg beide mengsels bij elkaar en mix ze, op lage stand, tot een glad beslag. Mix het beslag vervolgens nog 10 seconden op de hoogste stand.

Zet de cupcakevormpjes in de cupcaketray en vul ze voor driekwart met het beslag. Bak de cupcakes in de voorverwarmde oven in ongeveer 25 minuten gaar.

CHOCOLADECUPCAKES

VOOR 12 CUPCAKES

140 gr bloem
50 gr cacaopoeder
1 eetl. bakpoeder (7 gr)
220 gr suiker
mespunt zout
1 ei
120 ml vers gezette, afgekoelde koffie
60 ml melk
60 ml zonnebloemolie
merg geschraapt uit een vanillestokje of
1 eetl. natuurlijk vanille-extract

Verwarm de oven voor op 180 °C. Zeef de bloem, de cacaopoeder en bakpoeder boven een kom. Meng met een garde de suiker en het zout erdoor. Mix in een andere kom het ei met de koffie, de melk, de zonnebloemolie en de vanille. Voeg beide mengsels bij elkaar en mix ze, op lage stand, tot een glad beslag. Mix het beslag vervolgens nog 10 seconden op de hoogste stand.

Zet de cupcakevormpjes in de cupcaketray en vul ze voor driekwart met het beslag. Bak de cupcakes in de voorverwarmde oven in ongeveer 25 minuten gaar.

FRUITCUPCAKES

VOOR 12 CUPCAKES

200 gr bloem
1 eetl. bakpoeder (7 gr)
230 gr suiker
mespunt zout
2 eieren
130 gr vruchtenpuree of 130 ml vruchtensap
180 ml zonnebloemolie
merg geschraapt uit een vanillestokje of
1 eetl. natuurlijk vanille-extract
130 gr fruit, in stukjes gesneden

Verwarm de oven voor op 180 °C.
Zeef de bloem en bakpoeder boven een kom. Meng met een garde de suiker en het zout erdoor. Mix in een andere kom de eieren, de vruchtenpuree, de olie en de vanille. Voeg beide mengsels bij elkaar en mix ze, op lage stand, tot een glad beslag. Mix het beslag vervolgens nog 10 seconden op de hoogste stand. Voeg dan pas de fruitstukjes toe.

Zet de cupcakevormpjes in de cupcaketray en vul ze voor driekwart met het beslag. Bak de cupcakes in de voorverwarmde oven in 20-25 minuten gaar.

VOLKORENCUPCAKES

VOOR 12 CUPCAKES

200 gr volkorenmeel
50 gr havermout
120 gr suiker
100 gr bruine basterdsuiker
1 eetl. bakpoeder (7 gr)
mespunt zout
mespunt gemalen kaneel
2 eieren
180 gr zonnebloemolie
225 ml melk

Verwarm de oven voor op 180 °C.
Meng in een kom het volkorenmeel, de havermout, beide suikersoorten, de bakpoeder, het zout en de kaneel met een garde door elkaar. Mix in een andere kom de eieren, de zonnebloemolie en de melk. Voeg beide mengsels bij elkaar en mix ze, op lage stand, tot een glad beslag.

Zet de cupcakevormpjes in de cupcaketray en vul ze voor driekwart met het beslag. Bak de cupcakes in de voorverwarmde oven in ongeveer 25 minuten gaar.

BASISRECEPTEN TOPPINGS

KIES JE FAVORIETE BANKETBAKKERSROOM

Een essentieel onderdeel van de toppings in dit kookboek is de banketbakkersroom. Afhankelijk van de beschikbare tijd, smaak en ingrediënten kun je je eigen favoriet kiezen. Maak een keuze uit de volgende drie opties.

1 DE KLASSIEKE BANKETBAKKERSROOM

VOOR 12 CUPCAKES

250 ml melk
merg geschraapt uit een vanillestokje of
1 eetl. natuurlijk vanille-extract
2 eidooiers
50 gr suiker
1 eetl. bloem

Breng de melk met de vanille aan de kook. Zet het vuur lager, roer af en toe rustig door en laat de melk 5 minuten zachtjes koken.

Klop intussen de eidooiers met de suiker crèmeachtig. Voeg de bloem toe en giet de hete melk al roerend op het eimengsel. Schenk alles terug in de pan en laat de banketbakkersroom nog 5 minuten op laag vuur zachtjes koken. Blijf roeren.

Giet de room dan op een plat bord of in een schaal, dek hem af met huishoudfolie en laat afkoelen. De huishoudfolie versnelt het afkoelen en gaat velvorming tegen.

2 BANKETBAKKERSROOM MET CUSTARD

VOOR 12 CUPCAKES

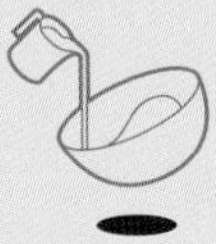

250 ml melk
15 gr custardpoeder
merg geschraapt uit een vanillestokje of
1 eetl. natuurlijk vanille-extract
35 gr suiker

Roer de custardpoeder met een beetje melk tot een papje. Breng de rest van de melk met de suiker en de vanille aan de kook. Voeg al roerend met een garde het custardpapje toe. Zet het vuur lager, blijf rustig roeren en laat de banketbakkersroom 2 minuten doorkoken.

Giet de pudding op een plat bord of in een schaal, dek hem af met huishoudfolie en laat afkoelen. De huishoudfolie versnelt het afkoelen en gaat velvorming tegen.

3 SNEL KLAAR BANKETBAKKERSROOM

VOOR 12 CUPCAKES

ca. 100 gr instant custardpoeder
ca. 250 ml melk
(volgens aanwijzingen op de verpakking)

Er zijn verschillende merken custardpoeder verkrijgbaar. Elk merk heeft zijn eigen recept/dosering. Lees hiervoor goed de aanwijzingen op de verpakking. In Nederland gebruiken ook veel bakkers een instant custardpoeder waarbij de verhouding meestal 100 gram poeder op 250 milliliter water is.

BASIS VANILLECRÈME

VOOR 12 CUPCAKES

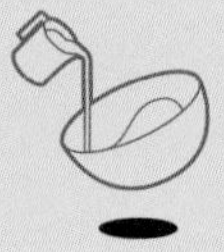

250 gr boter (op kamertemperatuur)
60 gr poedersuiker
250 gr banketbakkersroom (optie 1, 2 of 3)

Doe de zachte boter met de poedersuiker in de kom van een keukenmachine. Klop de boter rustig met de bisschophaak luchtig. Dit duurt minstens 10 minuten. Gebruik een mixer als je geen keukenmachine hebt.

Roer de banketbakkersroom glad met een garde en voeg deze geleidelijk toe aan de luchtige boter. Blijf kloppen tot alles goed gemengd is. Afgedekt in de koelkast is de botercrème zeker een week houdbaar.

CHOCOLADECRÈME

VOOR 12 CUPCAKES

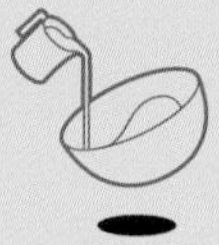

basis vanillecrème (zie hierboven)
150 gr gesmolten pure chocolade

Maak 1 recept basis vanillecrème. Kijk hierboven voor de bereiding. Voeg de gesmolten chocolade al kloppend bij de botercrème. Klop nu niet meer te lang. Stop als de chocolade goed gemengd is.

RUDOLPH ZEGT: *'Het werkt het mooiste en makkelijkste als je de crème direct verwerkt. Je kunt restjes in de koelkast bewaren, maar de boter zal opstijven en je moet deze dan weer zacht laten worden en goed doorroeren voor verwerking. Deze basis vanillecrème kun je gebruiken als basis voor vele andere crèmes, zoals chocolade, mokka, hazelnoot (pasta) en citroen.'*

GANACHE

ALS CRÈME VOOR 12 CUPCAKES
ALS SAUS VOOR 24 CUPCAKES

100 ml melk
100 ml slagroom
50 gr suiker
30 gr boter
300 gr pure chocolade

Breng de melk met de slagroom, de suiker en de boter aan de kook. Hak intussen de chocolade in kleine stukjes. Neem de pan van het vuur zodra de vloeistof kookt en voeg hieraan de chocolade toe. Roer het geheel rustig totdat je een gladde chocoladecrème hebt. Afgedekt in de koelkast kun je de ganache zeker een week bewaren.

Ganache is een zachte crème van chocolade die veel gebruikt wordt als vulling voor bonbons. Een koude ganache wordt nogal stevig en kun je dan zelfs snijden. Op kamertemperatuur is het een heel zachte smeuïge crème, en warm lijkt het meer op een saus.

Voor cupcakes kun je ganache gebruiken door het te mengen met botercrème (150 gram ganache op 1 basisrecept botercrème). Je kunt ook eerst een beetje ganache op een cupcake spuiten of lepelen om hier vervolgens een crème op te spuiten zodat je een extra vulling hebt. Als de ganache nog een beetje warm is kun je hem ook als chocoladesaus over de opgespoten cupcakes laten lopen. Bijvoorbeeld bij de Banana Split cupcakes (zie pag. 70) en Oma's Mokka (zie pag. 36).

CREAM CHEESECRÈME

VOOR 12 CUPCAKES

200 gr boter (op kamertemperatuur)
200 gr poedersuiker
merg geschraapt uit een vanillestokje of
1 eetl. natuurlijk vanille-extract
200 gr roomkaas (op kamertemperatuur)

Doe de zachte boter met de poedersuiker en de vanille in de kom van een keukenmachine. Klop de boter rustig met de bisschophaak luchtig. Dit duurt minstens 10 minuten. Gebruik een mixer als je geen keukenmachine hebt. Roer de roomkaas glad met een spatel en voeg deze geleidelijk toe aan de luchtige boter. Blijf kloppen tot alles goed gemengd is. Afgedekt in de koelkast kun je de cream cheesecrème zeker een week bewaren.

ROMIGE KARAMEL

VOOR 12 CUPCAKES

150 gr suiker
100 ml slagroom
75 gr boter
mespunt zeezout

Laat een pan met dikke bodem warm worden en strooi er een laagje suiker in zodat de bodem net bedekt is. Voeg geleidelijk meer suiker toe zodra de suiker begint te smelten totdat ook deze weer gesmolten is. Gebruik hierbij geen spatel of lepel om te roeren, maar draai af en toe even met de pan. Op deze manier gaat de suiker niet aan de lepel klonteren. Ga door totdat alle suiker in de pan zit en laat deze nu geleidelijk karameliseren tot een donkere, gouden karamel kleur. Let op dat de suiker niet verbrandt en daardoor bitter wordt. Wees ook voorzichtig, de suiker heeft nu een temperatuur van boven de 150 °C.

Verwarm intussen de slagroom in een andere pan. Giet de kokende room voorzichtig op de karamel. De karamel gaat nu even flink tekeer en zal een beetje gaan rijzen in de pan om daarna weer terug te vallen. Laat dit al roerend ongeveer 1 minuut koken totdat de suiker goed is opgelost in de room. Neem de pan van het vuur en laat het 1 minuut rusten.

Snijd de boter in stukjes en voeg de boter samen met het zout toe aan de karamel. Roer het geheel totdat de boter is opgelost en laat het volledig afkoelen. Als het afgekoeld is, heb je een mooie taaie toffeeachtige romige karamel. Afgedekt in de koelkast is de karamel zeker een week houdbaar. Hij wordt gebruikt voor de Aloha Caramel (zie pag. 38) en Spicy Pumpkin (zie pag. 108).

RUDOLPH ZEGT:

'Als de karamel uit de koelkast iets te stevig is om te verwerken, verwarm hem dan even kort in een pannetje of de magnetron. Als de karamel nog warm is, kun je hem ook als saus over de opgespoten cupcakes laten lopen.'

CITROENCRÈME

VOOR 12 CUPCAKES

4 gr gelatine
125 ml citroensap
125 gr suiker
125 gr ei
185 gr boter

Week de gelatineblaadjes in ruim koud water. Meng het citroensap, de suiker en het ei in een pan en verwarm dit al roerend tot 85 °C. Op deze temperatuur beginnen de eieren te garen en krijg je een mooi gebonden crème. Een digitale thermometer is hiervoor ideaal, maar als je die niet hebt, voel dan af en toe met je vinger of de crème goed heet is. Het mag beslist niet koken, want dan maak je roereieren.

Neem de pan van het vuur en los de uitgeknepen gelatineblaadjes op in de crème. Snijd de boter in stukjes en doe deze in een kom. Giet de warme crème nu op de boter en roer net zolang totdat de boter goed is opgelost in de crème. Gebruik eventueel een staafmixer. Dat werkt snel en makkelijk. Giet de crème uit op een schaal en dek hem af met plasticfolie. Laat de crème goed opstijven in de koelkast, het liefst een hele nacht. Roer de crème heel goed door voordat je deze gebruikt.

RUDOLPH ZEGT:

'Deze crème lijkt een beetje op de Engelse lemon curd en heeft een heel zachte, frisse smaak. Dit recept kun je in plaats van citroen met alle soorten fruitpurees maken. In de patisserie keuken wordt dit recept meestal 'crèmeux' genoemd en wordt erg veel gebruikt als interieur voor luxe taarten. Deze citroencrème wordt in dit boek onder andere gebruikt voor de Marshmallow Fluff.'

EIWIT GLAZUUR

VOOR 12 CUPCAKES

1 eiwit
250 gr poedersuiker

Klop het eiwit schuimig. Roer de poedersuiker erdoor totdat er een dikke (tand)pasta ontstaat.

RUDOLPH ZEGT: *'Dit eenvoudige glazuur is favoriet bij kinderen. Met een drupje citroensap heb je een snelle citroenglazuur. Wees voorzichtig met het gebruik van rauwe eiwitten voor jonge kinderen en ouderen.'*

'De natuur valt niet te verbeteren'

VANILLE CUPCAKES

VERLEIDEN KAN NIET ZONDER VERSIEREN

Een zacht, mals vanillecakeje is de ideale basis voor een cupcake die iedereen lekker vindt.
Met een topping van ouderwets lekkere mokka of een Italiaanse limoncellocrème maak je gemakkelijk steeds weer een andere cupcake op basis van hetzelfde vanillecakeje.

OMA'S MOKKA

CUPCAKE MET MOKKACRÈME EN CHOCOLADESAUS

VOOR 12 CUPCAKES

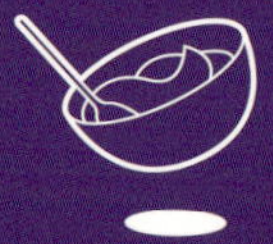

CAKE
200 gr bloem
1 eetl. bakpoeder (7 gr)
220 gr suiker
mespunt zout
1 ei
180 ml melk
60 gr boter (op kamertemperatuur)
merg geschraapt uit een vanillestokje of 1 eetl. natuurlijk vanille-extract

MOKKA-EXTRACT
70 ml espresso
30 gr suiker

MOKKACRÈME
250 gr boter (op kamertemperatuur)
60 gr poedersuiker
250 gr banketbakkersroom (zie hoofdstuk Basisrecepten toppings)
1 eetl. mokka-extract

GANACHE (ALS SAUS VOOR 12 CUPCAKES)
50 ml melk
50 ml slagroom
25 gr suiker
15 gr boter
150 gr pure chocolade

GARNERING
50 gr nougatine en/of 30 gr hazelnootkruim

CAKE

Verwarm de oven voor op 180 °C. Zeef de bloem en bakpoeder. Meng de suiker en het zout erdoor. Mix in een andere kom het ei met de melk, de boter en de vanille. Voeg beide mengsels bij elkaar en mix ze, op lage stand, tot een glad beslag. Mix het beslag vervolgens nog 10 seconden op de hoogste stand. Zet de cupcakevormpjes in de cupcaketray en vul ze voor driekwart met het beslag. Bak de cupcakes in de voorverwarmde oven in ongeveer 25 minuten gaar.

MOKKA-EXTRACT

Kook de espresso met de suiker in tot er nog ongeveer 1-2 eetlepels over zijn.

MOKKACRÈME

Doe de zachte boter met de poedersuiker in de kom van een keukenmachine. Klop de boter zeker 10 minuten rustig met de bisschophaak. Roer de banketbakkersroom glad en voeg deze geleidelijk toe aan de luchtige boter. Blijf kloppen tot alles goed gemengd is. Voeg het mokka-extract toe. Blijf kloppen tot alles goed gemengd is.

GANACHE

Breng de melk met de slagroom, de suiker en boter aan de kook. Hak de chocolade fijn, en voeg deze toe. Neem de pan van het vuur zodra de vloeistof kookt, en blijf roeren tot de chocolade gesmolten is.

GARNERING

Schep de mokkacrème in een spuitzak met een kartelmondje en spuit een mooie rozet op de cupcakes. Schep een lepel van de warme ganache over de crème. Garneer de cupcakes met stukjes nougatine of hazelnoot.

RUDOLPH ZEGT:

'Zet de opgespoten cupcakes 1 uur in de vriezer en dip ze daarna op hun kop in de vloeibare ganache. Zo krijg je een mooie verdeling van de saus, net zoals bij een gedipt ijsje.'

ALOHA CARAMEL

MALSE CUPCAKE MET VANILLECRÈME GEVULD MET ROMIGE KARAMEL EN EEN VLEUGJE HAWAÏAANS ZEEZOUT

VOOR 12 CUPCAKES

CAKE
200 gr bloem
1 eetl. bakpoeder (7 gr)
220 gr suiker
mespunt zout
1 ei
180 ml melk
60 ml zonnebloemolie
merg geschraapt uit een vanillestokje of 1 eetl. natuurlijk vanille-extract

VANILLECRÈME
250 gr boter (op kamertemperatuur)
60 gr poedersuiker
250 gr banketbakkersroom (zie hoofdstuk Basisrecepten toppings op pag. 28)

ROMIGE KARAMEL
150 gr suiker
100 ml slagroom
75 gr boter
mespunt grof Hawaïaans zeezout

GARNERING
100 gr karamelfudge
50 gr gesmolten melkchocolade
20 gr grof Hawaïaans zeezout

CAKE
Verwarm de oven voor op 180 °C.
Zeef de bloem en de bakpoeder. Meng de suiker en het zout erdoor. Mix in een andere kom het ei met de melk, de zonnebloemolie en de vanille. Voeg beide mengsels bij elkaar en mix ze, op lage stand, tot een glad beslag. Mix het beslag vervolgens nog 10 seconden op de hoogste stand. Zet de cupcakevormpjes in de cupcaketray en vul ze voor driekwart met het beslag. Bak de cupcakes in de voorverwarmde oven in ongeveer 25 minuten gaar.

VANILLECRÈME
Doe de zachte boter met de poedersuiker in de kom van een keukenmachine. Klop de boter zeker 10 minuten rustig met de bisschophaak. Roer de banketbakkersroom glad en voeg deze geleidelijk toe aan de luchtige boter. Blijf kloppen tot alles goed gemengd is.

ROMIGE KARAMEL
Kijk voor de bereiding in het hoofdstuk Basisrecepten toppings, zie pag. 28.

GARNERING
Schep de vanillecrème in een spuitzak met een glad spuitmondje en spuit een dubbele ring van de crème op de cupcake, zodat in het midden een ruimte overblijft. Vul het midden op met de romige karamel. Garneer de cupcakes met in kleine stukjes gesneden karamelfudge en streepjes gesmolten melkchocolade. Bestrooi ze met een snufje grof Hawaïaans zeezout.

TIRAMISU

CUPCAKE MET MASCARPONECRÈME EN MOKKA

VOOR 12 CUPCAKES

MOKKA-EXTRACT
70 ml espresso
30 gr suiker

CAKE
200 gr bloem
1 eetl. bakpoeder (7 gr)
220 gr suiker
mespunt zout
1 ei
180 ml melk
60 ml zonnebloemolie
merg geschraapt uit een vanillestokje of
1 eetl. natuurlijk vanille-extract

MASCARPONECRÈME
200 gr boter (op kamertemperatuur)
200 gr poedersuiker
merg geschraapt uit een vanillestokje of
1 eetl. natuurlijk vanille-extract
200 gr mascarpone (op kamertemperatuur)

GARNERING
6 lange vingers
30 gr cacaopoeder

MOKKA-EXTRACT

Kook de espresso met de suiker in tot er nog ongeveer 2 eetlepels over zijn.

CAKE

Verwarm de oven voor op 180 °C. Zeef de bloem en de bakpoeder boven een kom. Meng met een garde de suiker en het zout erdoor. Mix in een andere kom het ei met de melk, de zonnebloemolie, de vanille en het mokka-extract. Voeg beide mengsels bij elkaar en mix ze, op lage stand, tot een glad beslag. Mix het beslag vervolgens nog 10 seconden op de hoogste stand. Zet de cupcakevormpjes in de cupcaketray en vul ze voor driekwart met het beslag. Bak de cupcakes in de voorverwarmde oven in ongeveer 25 minuten gaar.

MASCARPONECRÈME

Doe de zachte boter met de poedersuiker en de vanille in de kom van een keukenmachine. Klop de boter rustig met de bisschophaak luchtig. Dit duurt minstens 10 minuten. Gebruik een mixer als je geen keukenmachine hebt. Roer de mascarpone glad met een spatel en voeg deze geleidelijk toe aan de luchtige boter. Blijf kloppen tot alles goed gemengd is.

GARNERING

Schep de mascarponecrème in een spuitzak met een glad spuitmondje en spuit de crème op de cupcakes. Garneer de cupcakes met stukjes lange vingers en bestrooi ze licht met cacaopoeder.

PRETTY WOMAN

LUCHTIGE CHAMPAGNECUPCAKE MET CHAMPAGNECRÈME EN AARDBEIEN

VOOR 12 CUPCAKES

CAKE

200 gr bloem
1 eetl. bakpoeder (7 gr)
220 gr suiker
mespunt zout
1 ei
120 ml champagne of mousserende wijn
60 ml melk
60 ml zonnebloemolie
merg geschraapt uit een vanillestokje of
1 eetl. natuurlijk vanille-extract

CHAMPAGNECRÈME

250 gr boter (op kamertemperatuur)
60 gr poedersuiker
250 gr banketbakkersroom (zie hoofdstuk Basisrecepten toppings op pag. 28; optie 3) aangeroerd met champagne
2 eetl. aardbeienjam

GARNERING

1 doosje verse aardbeien
50 gr witte hagelslag

CAKE

Verwarm de oven voor op 180 °C.
Zeef de bloem en de bakpoeder boven een kom. Meng met een garde de suiker en het zout erdoor. Mix in een andere kom het ei met de champagne, de melk, de zonnebloemolie en de vanille. Voeg beide mengsels bij elkaar en mix ze, op lage stand, tot een glad beslag. Mix het beslag vervolgens nog 10 seconden op de hoogste stand. Zet de cupcakevormpjes in de cupcaketray en vul ze voor driekwart met het beslag. Bak de cupcakes in de voorverwarmde oven in ongeveer 25 minuten gaar.

CHAMPAGNECRÈME

Doe de zachte boter met de poedersuiker in de kom van een keukenmachine. Klop de boter rustig met de bisschophaak luchtig. Dit duurt minstens 10 minuten. Gebruik een mixer als je geen keukenmachine hebt. Roer de custard aan met de champagne (volgens aanwijzingen op de verpakking). Dit hoeft niet meer gekookt te worden. Voeg de instant custard geleidelijk toe aan de luchtige boter. Blijf kloppen tot alles goed gemengd is. Voeg als laatste de aardbeienjam toe aan de luchtige boter. Klop deze er kort door. Hierdoor krijg je een gemarmerd effect.

GARNERING

Was de aardbeien kort in water, laat het kroontje eraan zitten en dep ze voorzichtig droog. Schep de champagnecrème in een spuitzak met een kartelmondje. Spuit een mooie rozet op de cupcakes. Garneer de cupcakes met de aardbeien en witte hagelslag.

DE BUS STOP BAKERY

bracht de lekkerste cupcakes naar diverse festivals in Nederland. Zo bezochten we het Tilburg Hap Stap Festival, Festival Mundial en het Dunya Festival. Hier kwamen culturen samen en werd door iedereen gebroederlijk gesnoept van alle mogelijke cupcakes, van de Apple crumble (pag. 106) tot de Rum Jungle (pag. 52).

TARTUFO BIANCO

AMANDELCUPCAKE MET WITTE CHOCOLADECRÈME

VOOR 12 CUPCAKES

CAKE

100 gr bloem
1 eetl. bakpoeder (7 gr)
100 gr amandelpoeder
220 gr suiker
mespunt zout
1 ei
180 ml melk
60 ml zonnebloemolie
merg geschraapt uit een vanillestokje of
1 eetl. natuurlijk vanille-extract

WITTE CHOCOLADECRÈME

250 gr boter (op kamertemperatuur)
60 gr poedersuiker
250 gr banketbakkersroom (zie hoofdstuk Basisrecepten toppings op pag. 28)
150 gr gesmolten witte chocolade

GARNERING

100 gr witte hagelslag
20 gr poedersuiker

CAKE

Verwarm de oven voor op 180 °C.
Zeef de bloem en de bakpoeder boven een kom. Meng met een garde de amandelpoeder, de suiker en het zout erdoor. Mix in een andere kom het ei met de melk, de zonnebloemolie en de vanille. Voeg beide mengsels bij elkaar en mix ze, op lage stand, tot een glad beslag. Mix het beslag vervolgens nog 10 seconden op de hoogste stand.
Zet de cupcakevormpjes in de cupcaketray en vul ze voor driekwart met het beslag. Bak de cupcakes in de voorverwarmde oven in ongeveer 25 minuten gaar.

WITTE CHOCOLADECRÈME

Maak 1 recept basis vanillecrème. Voeg de gesmolten witte chocolade al kloppend bij de crème. Klop nu niet meer te lang. Stop als de chocolade goed gemengd is.

GARNERING

Schep de witte chocoladecrème in een spuitzak met een gladde spuitmond en spuit de crème op de cupcakes. Bestrooi ze helemaal met de witte chocoladehagelslag en bestrooi ze licht met poedersuiker.

RUDOLPH ZEGT:

'Indien je geen amandelpoeder kunt vinden, kun je geschaafde amandelen in een keukenmachine zo fijn mogelijk hakken.'

I-SCREAM

CUPCAKE GEBAKKEN IN EEN IJSBEKERTJE EN OPGESPOTEN MET AARDBEIEN-CREAM CHEESECRÈME

VOOR ONGEVEER 18 CUPCAKES

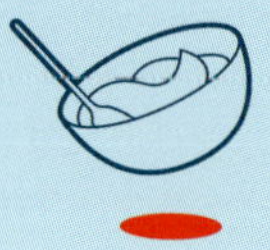

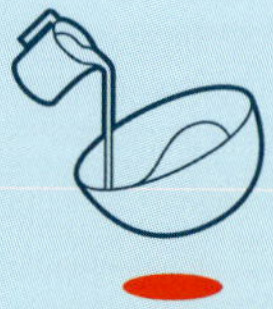

CAKE
200 gr bloem
1 eetl. bakpoeder (7 gr)
220 gr suiker
mespunt zout
1 ei
180 ml melk
60 ml zonnebloemolie
merg geschraapt uit een vanillestokje of
1 eetl. natuurlijk vanille-extract
18 eetbare ijsbekers

AARDBEIEN-CREAM CHEESECRÈME
200 gr boter (op kamertemperatuur)
200 gr poedersuiker
200 gr roomkaas (op kamertemperatuur)
2 eetl. aardbeienjam

GARNERING
1 doosje aardbeien
18 parapluutjes

CAKE

Verwarm de oven voor op 180 °C.
Zeef de bloem en de bakpoeder boven een kom.
Meng met een garde de suiker en het zout erdoor.
Mix in een andere kom het ei met de melk, de zonnebloemolie en de vanille. Voeg beide mengsels bij elkaar en mix ze, op lage stand, tot een glad beslag. Mix het beslag vervolgens nog 10 seconden op de hoogste stand. Zet de eetbare ijsbekers op een bakplaat en vul ze voor driekwart met het beslag. Bak de cupcake-ijsjes in de voorverwarmde oven in ongeveer 25 minuten gaar.

AARDBEIEN-CREAM CHEESECRÈME

Doe de zachte boter met de poedersuiker in de kom van een keukenmachine. Klop de boter rustig met de bisschophaak luchtig. Dit duurt minstens 10 minuten. Gebruik een mixer als je geen keukenmachine hebt. Roer de roomkaas glad met een spatel. Voeg als laatste de aardbeienjam toe aan de luchtige boter. Klop deze er kort door. Hierdoor krijg je een gemarmerd effect.

GARNERING

Vul een spuitzak met een kartelmondje met de cream cheesecrème en spuit mooie hoge rozetten op de cupcakes. Garneer de cupcakes met stukjes aardbei en een parapluutje.

BOMBAY BOOGIE

YOGHURT-SAFFRAANCUPCAKE MET EEN MANGO-PASSIECRÈME

VOOR 12 CUPCAKES

CAKE

Los de saffraan en kurkuma op in warm water. Verwarm de oven voor op 180 °C. Zeef de bloem en de bakpoeder. Meng de suiker en het zout erdoor. Mix in een andere kom het saffraan-kurkumamengsel met de eieren, de yoghurt en de zonnebloemolie. Voeg beide mengsels bij elkaar en mix ze, op lage stand, tot een glad beslag. Mix het beslag vervolgens nog 10 seconden op de hoogste stand. Zet de cupcakevormpjes in de cupcaketray en vul ze voor driekwart met het beslag. Bak de cupcakes in de voorverwarmde oven in ongeveer 25 minuten gaar.

CAKE

1 gr saffraan, draadjes of poeder
½ theel. kurkuma
2 eetl. water
200 gr bloem
1 eetl. bakpoeder (7 gr)
230 gr suiker
mespunt zout
2 eieren
200 gr yoghurt (Griekse)
180 gr zonnebloemolie

MANGO-PASSIECRÈME

250 gr boter (op kamertemperatuur)
60 gr poedersuiker
250 gr banketbakkersroom (zie hoofdstuk Basisrecepten toppings op pag. 28; optie 3)
aangeroerd met mango-passiesap (koelvak supermarkt)

GESUIKERDE CASHEWNOTEN

1 eiwit
75 gr suiker
150 gr cashewnoten

MANGO-PASSIECRÈME

Doe de zachte boter met de poedersuiker in de kom van een keukenmachine. Klop de boter zeker 10 minuten rustig met de bisschophaak luchtig. Roer de custardpoeder aan met het mango-passiesap (volgens aanwijzingen op de verpakking). Voeg de instant custard geleidelijk toe aan de luchtige boter. Blijf kloppen tot alles goed gemengd is.

GESUIKERDE CASHEWNOTEN

Verwarm de oven voor op 180 °C. Klop het eiwit met de suiker los, meng de cashewnoten erdoor en verdeel ze over een bakplaat met bakpapier. Bak ze lichtbruin en krokant in ongeveer 15 minuten in de voorverwarmde oven. Roer tussentijds de noten een keer goed door met een lepel. Laat ze goed afkoelen.

GARNERING

Schep de mango-passiecrème in een spuitzak met een klein kartelmondje en maak een hoog puntig rozet op de cupcakes. Garneer de cupcakes met de gesuikerde cashewnoten.

CHERRY PIE

CUPCAKE MET VANILLECRÈME EN KERSENJAM

VOOR 12 CUPCAKES

CAKE

200 gr bloem
1 eetl. bakpoeder (7 gr)
220 gr suiker
mespunt zout
1 ei
180 ml melk
60 ml zonnebloemolie
merg geschraapt uit een vanillestokje of
1 eetl. natuurlijk vanille-extract

VANILLECRÈME

250 gr boter (op kamertemperatuur)
60 gr poedersuiker
250 gr banketbakkersroom (zie hoofdstuk Basisrecepten toppings op pag. 28)

GARNERING

1 pot kersenjam
50 gr hagelslag, puur
12 verse kersen

CAKE

Verwarm de oven voor op 180 °C.
Zeef de bloem en bakpoeder boven een kom.
Meng met een garde de suiker en het zout erdoor.
Mix in een andere kom het ei met de melk, de zonnebloemolie en de vanille. Voeg beide mengsels bij elkaar en mix ze, op lage stand, tot een glad beslag.
Mix het beslag vervolgens nog 10 seconden op de hoogste stand. Zet de cupcakevormpjes in de cupcake-tray en vul ze voor driekwart met het beslag. Bak de cupcakes in de voorverwarmde oven in ongeveer 25 minuten gaar.

VANILLECRÈME

Doe de zachte boter met de poedersuiker in de kom van een keukenmachine. Klop de boter rustig met de bisschophaak luchtig. Dit duurt minstens 10 minuten. Gebruik een mixer als je geen keukenmachine hebt. Roer de banketbakkersroom glad met een garde en voeg deze geleidelijk toe aan de luchtige boter. Blijf kloppen tot alles goed gemengd is.

GARNERING

Bestrijk de cupcakes met de kersenjam. Schep de vanillecrème in een spuitzak met een gladde spuit-mond en verdeel de crème als een flinke dot over de kersenjam. Bestrooi de cupcakes met een beetje hagelslag. Doop de kersen in de kersenjam en zet deze boven op de cupcakes.

RUDOLPH ZEGT:

'Laat voor dit recept de kersenjam uitlekken op een zeef zodat je de extra gevulde kersenjam hebt voor op de cupcakes, en een dun geleiachtig deel om de kersen even in te dopen voor een mooie glans aan de kers bovenop.'

RUM JUNGLE

EXOTISCHE RUM-ROZIJNEN CUPCAKE MET VANILLECRÈME EN JUNGLE FRUIT

VOOR 12 CUPCAKES

CAKE
200 gr bloem
1 eetl. bakpoeder (7 gr)
220 gr suiker
mespunt zout
1 ei
180 ml kokosmelk
60 ml zonnebloemolie
merg geschraapt uit een vanillestokje of
1 eetl. natuurlijk vanille-extract
100 gr in rum geweekte rozijnen

VANILLECRÈME
250 gr boter (op kamertemperatuur)
60 gr poedersuiker
250 gr banketbakkersroom (zie hoofdstuk Basisrecepten toppings op pag. 28)
scheutje rum (optioneel)

GARNERING
200 gr junglefruit, bijv. ananas, kiwi, mango, banaan en bessen
100 gr chocolade mikadosticks

CAKE

Verwarm de oven voor op 180 °C. Zeef de bloem en de bakpoeder boven een kom. Meng met een garde de suiker en het zout erdoor. Mix in een andere kom het ei met de melk, de zonnebloemolie en de vanille. Voeg beide mengsels bij elkaar en mix ze, op lage stand, tot een glad beslag. Mix het beslag vervolgens nog 10 seconden op de hoogste stand. Zet de cupcakevormpjes in de cupcaketray en vul ze voor driekwart met het beslag. Bak de cupcakes in de voorverwarmde oven in ongeveer 25 minuten gaar.

VANILLECRÈME

Doe de zachte boter met de poedersuiker in de kom van een keukenmachine. Klop de boter rustig met de bisschophaak luchtig. Dit duurt minstens 10 minuten. Gebruik een mixer als je geen keukenmachine hebt. Roer de banketbakkersroom glad met een garde en voeg deze geleidelijk toe aan de luchtige boter. Blijf kloppen tot alles goed gemengd is. Voeg voor de liefhebber nog een scheutje rum toe.

GARNERING

Schep de vanillecrème in een spuitzak met een glad spuitmondje en verdeel de crème over de cupcakes. Garneer de cupcakes rijk met stukjes 'junglefruit' en mikadosticks.

STRAWBERRY CHEESE

CUPCAKE MET CREAM-CHEESECRÈME CRUMBLE EN AARDBEIEN

VOOR 12 CUPCAKES

CAKE
100 gr bloem
100 gr volkorenmeel
1 eetl. bakpoeder (7 gr)
220 gr suiker
mespunt zout
1 ei
180 ml melk
60 ml zonnebloemolie
merg geschraapt uit een vanillestokje of
1 eetl. natuurlijk vanille-extract

CREAM CHEESECRÈME
200 gr boter (op kamertemperatuur)
200 gr poedersuiker
merg geschraapt uit een vanillestokje of
1 eetl. natuurlijk vanille-extract
200 gr roomkaas

CRUMBLE
100 gr bloem
50 gr boter
50 gr suiker
½ theel. geraspte sinaasappelschil

GARNERING
12 aardbeien
20 gr poedersuiker

CAKE

Verwarm de oven voor op 180 °C.
Zeef de bloemsoorten en bakpoeder. Meng de suiker en het zout erdoor. Mix in een andere kom het ei met de melk, de zonnebloemolie en de vanille. Voeg beide mengsels bij elkaar en mix ze, op lage stand, tot een glad beslag. Mix het beslag vervolgens nog 10 seconden op de hoogste stand. Zet de cupcakevormpjes in de cupcaketray en vul ze voor driekwart met het beslag. Bak de cupcakes in de voorverwarmde oven in ongeveer 25 minuten gaar.

CREAM CHEESECRÈME

Doe de zachte boter met de poedersuiker en de vanille in de kom van een keukenmachine. Klop de boter zeker 10 minuten rustig met de bisschophaak. Roer de roomkaas glad en voeg deze geleidelijk toe aan de boter. Blijf kloppen tot alles goed gemengd is.

CRUMBLE

Hak de bloem, met de boter, de suiker en de sinaasappelrasp in een keukenmachine tot een grove kruim. Bak de crumble in 10 minuten krokant op 180 °C in de voorverwarmde oven en laat de crumble afkoelen.

GARNERING

Was de aardbeien met de kroontjes eraan en snijd ze doormidden. Schep de cream cheesecrème in een spuitzak met een kartelmondje en garneer de cupcakes met een mooie rozet. Garneer de cupcakes met aardbei en crumble en bestrooi ze licht met poedersuiker.

LIMONCELLO'S

AMANDELCUPCAKE MET CITROENCRÈME EN ITALIAANSE KOEKJES

VOOR 12 CUPCAKES

CAKE
100 gr bloem
100 gr amandelpoeder
1 eetl. bakpoeder (7 gr)
220 gr suiker
mespunt zout
1 ei
180 ml melk
60 ml zonnebloemolie
merg geschraapt uit een vanillestokje of
1 eetl. natuurlijk vanille-extract

CITROENCRÈME
125 ml citroensap
125 gr suiker
125 gr ei
4 gr gelatine
185 gr boter

GARNERING
100 gr cantuccini (Italiaanse koekjes)
50 gr citroenrasp
50 gr pijnboompitten
20 gr cacaopoeder
20 gr poedersuiker

CAKE

Verwarm de oven voor op 180 °C.
Zeef de bloem en de bakpoeder boven een kom. Meng met een garde de amandelpoeder, de suiker en het zout erdoor. Mix in een andere kom het ei met de melk, de zonnebloemolie en de vanille. Voeg beide mengsels bij elkaar en mix ze, op lage stand, tot een glad beslag. Mix het beslag vervolgens nog 10 seconden op de hoogste stand. Zet de cupcakevormpjes in de cupcaketray en vul ze voor driekwart met het beslag. Bak de cupcakes in de voorverwarmde oven in ongeveer 25 minuten gaar.

CITROENCRÈME

Kijk voor de bereiding in het hoofdstuk Basisrecepten toppings, pag. 28.

GARNERING

Schep de citroencrème in een spuitzak met een kartelmondje en verdeel de crème over de cupcakes. Garneer de cupcakes met de cantuccini-koekjes, de pijnboompitjes en de citroenrasp. Bestuif ze licht met de cacao en de poedersuiker.

RUDOLPH ZEGT:

'Voor de liefhebber mag er natuurlijk nog een scheutje Limoncello door de citroencrème.'

'All you need is... cupcakes'

CHOCOLADE CUPCAKES

CUPCAKES SMAKEN NET ALS DE LIEFDE: HEEL VERS HET ALLERLEKKERST

Chocoladecupcakes zijn vrijwel altijd een garantie tot succes. Het recept van het chocoladecakebeslag in deze recepten is dan ook ongelooflijk lekker en mals! De Dreamer (pag. 62) was tijdens de tournee van de Bus Stop Bakery onze bestseller. Dus chocoladeliefhebbers... go for it!

COOKIE-MONSTER

MONSTERLIJKE CUPCAKE MET FUNKY CHOCOLADECRÈME

VOOR 12 CUPCAKES

CAKE

140 gr bloem
50 gr cacaopoeder
1 eetl. bakpoeder (7 gr)
220 gr suiker
mespunt zout
1 ei
180 ml melk
60 ml zonnebloemolie
merg geschraapt uit een vanillestokje of
1 eetl. natuurlijk vanille-extract

CHOCOLADECRÈME

1 recept basis vanillecrème (zie hoofdstuk Basisrecepten toppings op pag. 28)
150 gr gesmolten pure chocolade

GARNERING

30 gr cacaopoeder
100 gr gesmolten witte chocolade
50 gr gesmolten pure chocolade
12 mini choco-chipcookies

CAKE

Verwarm de oven voor op 180 °C.
Zeef de bloem, de cacaopoeder en de bakpoeder boven een kom. Meng met een garde de suiker en het zout erdoor. Mix in een andere kom het ei met de melk, de zonnebloemolie en de vanille. Voeg beide mengsels bij elkaar en mix ze, op lage stand, tot een glad beslag. Mix het beslag vervolgens nog 10 seconden op de hoogste stand. Zet de cupcakevormpjes in de cupcaketray en vul ze voor driekwart met het beslag. Bak de cupcakes in de voorverwarmde oven in ongeveer 25 minuten gaar.

CHOCOLADECRÈME

Maak 1 recept basis vanillecrème. Voeg de gesmolten chocolade al kloppend bij de crème. Klop nu niet meer te lang. Stop als de chocolade goed gemengd is.

GARNERING

Verdeel de chocoladecrème een beetje ruig over de cupcakes. Of schep de crème in een spuitzak met een klein, glad spuitmondje. Garneer de cupcakes met kleine bolletjes. Bestrooi ze licht met cacaopoeder. Vul cornetjes met witte en pure chocolade. Spuit met de witte chocolade ogen op de cupcakes en maak met de pure chocolade de pupillen. Druk een chocochipcookie eronder als mond.

DREAMER

CUPCAKE MET CHOCOLADECRÈME EN PECANNOTEN

VOOR 12 CUPCAKES

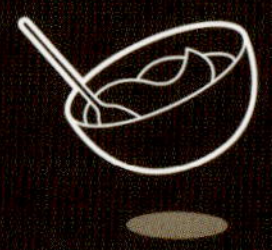

CAKE

140 gr bloem
50 gr cacaopoeder
1 eetl. bakpoeder (7 gr)
220 gr suiker
mespunt zout
1 ei
120 ml versgezette, afgekoelde koffie
60 ml melk
60 ml zonnebloemolie
merg geschraapt uit een vanillestokje of
1 eetl. natuurlijk vanille-extract

CHOCOLADECRÈME

1 recept basis vanillecrème (zie hoofdstuk Basisrecepten toppings op pag. 28)
150 gr gesmolten pure chocolade

GARNERING

100 gr gesmolten pure chocolade
50 gr pecannoten

CAKE

Verwarm de oven voor op 180 °C.
Zeef de bloem, de cacaopoeder en de bakpoeder boven een kom. Meng met een garde de suiker en het zout erdoor. Mix in een andere kom het ei met de koffie, de melk, de zonnebloemolie en de vanille. Voeg beide mengsels bij elkaar en mix ze, op lage stand, tot een glad beslag. Mix het beslag vervolgens nog 10 seconden op de hoogste stand. Zet de cupcakevormpjes in de cupcaketray en vul ze voor driekwart met het beslag.
Bak de cupcakes in de voorverwarmde oven in ongeveer 25 minuten gaar. Laten afkoelen.

CHOCOLADECRÈME

Maak 1 recept basis vanillecrème. Voeg de gesmolten chocolade al kloppend bij de crème. Klop nu niet meer te lang. Stop als de chocolade goed gemengd is.

GARNERING

Snijd 1 chocoladecupcake in kleine blokjes.
Schep de chocoladecrème in een spuitzak met een groot kartelmondje. Spuit een mooie rozet op de cupcakes. Garneer de opgespoten cupcakes met blokjes chocolade cupcake en stukjes pecannoot.
Vouw een cornetje van bakpapier en vul deze met de gesmolten chocolade. Spuit hiermee dunne lijntjes chocolade op de cupcakes.

RUDOLPH ZEGT:

'Eigenlijk is dit recept voor 11 cupcakes. Nummer 12 wordt gebruikt voor de garnering. Houd hier rekening mee voordat je deze heerlijke cupcake gaat maken.'

FESTIVAL EXTREMA OUTDOOR

in Best werd dit jaar overspoeld door regen. Maar dat weerhield zo'n 30.000 mensen er niet van om helemaal los te gaan op de nieuwste dancemuziek en de speciaal voor Extrema gecreëerde Extrema Secret Fruits (pag. 96).

CHOC 'N ROLL

CUPCAKE MET CHOCOLADECRÈME WHISKYPUNCH EN BACON-CHOCOLAATJE

VOOR 12 CUPCAKES

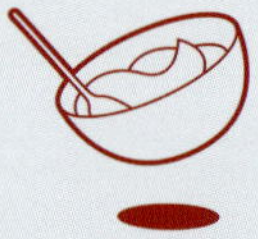

CAKE
140 gr bloem
50 gr cacaopoeder
1 eetl. bakpoeder (7 gr)
220 gr suiker
mespunt zout
1 ei
120 ml versgezette, afgekoelde koffie
60 ml melk
60 ml zonnebloemolie
merg geschraapt uit een vanillestokje of
1 eetl. natuurlijk vanille-extract

CHOCOLADECRÈME
1 recept basis vanillecrème (zie hoofdstuk Basisrecepten toppings op pag. 28)
150 gr gesmolten pure chocolade

WHISKYPUNCH
125 gr suiker
100 ml water
25 ml whisky

BACON-CHOCOLAATJE
50 gr gerookte bacon
50 gr gesmolten pure chocolade

GARNERING
25 gr chocoladehagelslag XL
1 gr bladgoud

CAKE

Verwarm de oven voor op 180 °C.
Zeef de bloem, de cacaopoeder en bakpoeder.
Meng de suiker en het zout erdoor. Mix in een andere kom het ei met de koffie, de melk, de zonnebloemolie en de vanille. Voeg beide mengsels bij elkaar en mix ze, op lage stand, tot een glad beslag. Mix het beslag vervolgens nog 10 seconden op de hoogste stand.
Zet de vormpjes in de tray en vul ze voor driekwart met het beslag. Bak de cupcakes in de voorverwarmde oven in ongeveer 25 minuten gaar. Laat ze afkoelen.

CHOCOLADECRÈME

Maak 1 recept basis vanillecrème. Voeg de gesmolten chocolade al kloppende bij de crème. Klop nu niet meer te lang. Stop als de chocolade goed gemengd is.

WHISKYPUNCH

Breng water met suiker aan de kook. Kook het water tot de suiker is opgelost en laat de siroop afkoelen. Meng de whisky door de suikersiroop. Bedrenk hiermee de gebakken cakejes.

BACON-CHOCOLAATJE

Verwarm de oven voor op 150 °C. Leg de bacon tussen twee vellen bakpapier en bak de bacon in 15 minuten krokant. Laat uitlekken op keukenpapier. Dip de bacon in de gesmolten chocolade en laat opstijven.

GARNERING

Bestrijk de cupcakes rondom met de chocoladecrème. Strijk mooi glad en rol de zijkanten van de cupcakes door de hagelslag. Prik bovenop in het midden een bacon-chocolaatje en garneer de cupcakes met bladgoud.

RUDOLPH ZEGT:

'Het bladgoud is verkrijgbaar in kleine boekjes en elk velletje zit tussen twee stukjes papier verpakt. Het goud is zo dun dat het bij aanraken aan de vingers blijft plakken. Gebruik het liefst een pincet. Het is te koop via internet, bij de groothandel of een hobbyzaak.'

PRETTY IN PINK

MELKCHOCOLADECUPCAKE MET LICHTROZE CREAM-CHEESECRÈME EN STOERE TOPPING

VOOR 12 CUPCAKES

CAKE
140 gr bloem
15 gr cacaopoeder
1 eetl. bakpoeder (7 gr)
220 gr suiker
mespunt zout
1 ei
120 ml versgezette, afgekoelde koffie
60 ml melk
60 ml zonnebloemolie
merg geschraapt uit een vanillestokje of
1 eetl. natuurlijk vanille-extract

LICHTROZE CREAM-CHEESECRÈME
200 gr boter, op kamertemperatuur
200 gr poedersuiker
200 gr roomkaas, op kamertemperatuur
½ doosje verse (of diepvries-) frambozen

GARNERING
100 gr Marshmallows
200 gr Snickers
50 ml gesmolten melkchocolade
100 ml zachte romige karamel als saus,
zie hoofdstuk Basisrecepten toppings op pag. 28

CAKE

Verwarm de oven voor op 180 °C. Zeef de bloem, de cacaopoeder en de bakpoeder boven een kom. Meng met een garde de suiker en het zout erdoor. Mix in een andere kom het ei met de koffie, de melk, de zonnebloemolie en de vanille. Voeg beide mengsels bij elkaar en mix ze, op lage stand, tot een glad beslag. Mix het beslag vervolgens nog 10 seconden op de hoogste stand. Zet de cupcakevormpjes in de cupcaketray en vul ze voor driekwart met het beslag. Bak de cupcakes in de voorverwarmde oven in ongeveer 25 minuten gaar.

LICHTROZE CREAM-CHEESECRÈME

Doe de zachte boter met de poedersuiker in de kom van een keukenmachine. Klop de boter rustig met de bisschophaak luchtig. Dit duurt minstens 10 minuten. Gebruik een mixer als je geen keukenmachine hebt. Prak de frambozen en roer deze met een spatel door de zachte roomkaas. Voeg dit mengsel toe aan de boter en klop tot alles goed gemengd is.

GARNERING

Schep de cream-cheesecrème in een spuitzak met een ronde spuitmond en spuit de crème op de cupcakes. Garneer de cupcakes met in stukjes gesneden marshmallows, in stukjes gesneden Snickers en lijntjes gesmolten melkchocolade.

BANANASPLIT

CHOCOLADE-BANANENCUPCAKE MET VANILLECRÈME EN GANACHE

VOOR 12 CUPCAKES

CAKE

140 gr bloem
50 gr cacaopoeder
1 eetl. bakpoeder (7 gr)
230 gr suiker
mespunt zout
2 eieren
130 gr bananenpuree of 130 ml bananensap
180 ml zonnebloemolie
merg geschraapt uit een vanillestokje of
1 eetl. natuurlijk vanille-extract
130 gr banaan, in stukjes gesneden

VANILLECRÈME

250 gr boter (op kamertemperatuur)
60 gr poedersuiker
250 gr banketbakkersroom (zie hoofdstuk Basisrecepten toppings op pag. 28)

GANACHE

½ recept basis ganache
(zie hoofdstuk Basisrecepten toppings op pag. 28)

GARNERING

2 bananen, in plakjes
1 bosje munt
50 gr witte hagelslag

CAKE

Verwarm de oven voor op 180 °C.
Zeef de bloem, de cacao en de bakpoeder boven een kom. Meng met een garde de suiker en het zout erdoor. Mix in een andere kom de eieren, de bananenpuree, de zonnebloemolie en de vanille. Voeg beide mengsels bij elkaar en mix ze, op lage stand, tot een glad beslag. Mix het beslag vervolgens nog 10 seconden op de hoogste stand. Voeg dan de stukjes banaan toe. Zet de cupcakevormpjes in de cupcaketray en vul ze voor driekwart met het beslag. Bak de cupcakes in de voorverwarmde oven in 20-25 minuten gaar.

VANILLECRÈME

Doe de zachte boter met de poedersuiker in de kom van een keukenmachine. Klop de boter rustig met de bisschophaak luchtig. Dit duurt minstens 10 minuten. Gebruik een mixer als je geen keukenmachine hebt. Roer de banketbakkersroom glad met een garde en voeg deze geleidelijk toe aan de luchtige boter. Blijf kloppen tot alles goed gemengd is.

GANACHE

Kijk voor de bereiding in het hoofdstuk Basisrecepten toppings.

GARNERING

Schep de vanillecrème in een spuitzak met een kartelmondje en spuit een mooie rozet op de cupcakes. Garneer de cupcakes met gesmolten ganache, plakjes banaan, hagelslag en munt.

RUDOLPH ZEGT:

'Bestrijk de plakjes banaan met een beetje citroensap. Zo blijven ze langer mooi van kleur.'

CUPCAKE WARS

CUPCAKE MET VANILLE- EN CHOCOLADECRÈME

VOOR 12 CUPCAKES

CAKE

140 gr bloem
50 gr cacaopoeder
1 eetl. bakpoeder (7 gr)
220 gr suiker
mespunt zout
1 ei
120 ml vers gezette, afgekoelde koffie
60 ml melk
60 ml zonnebloemolie
merg geschraapt uit een vanillestokje of 1 eetl. natuurlijk vanille-extract

VANILLECRÈME EN CHOCOLADECRÈME

250 gr boter (op kamertemperatuur)
60 gr poedersuiker
250 gr banketbakkersroom (zie hoofdstuk Basisrecepten toppings op pag. 28)
75 gr gesmolten pure chocolade

GARNERING

12 witte marshmallows
100 gr pecannoten
1 zakje zoute pretzels (krakelingvorm)
100 ml ganache, als saus (zie hoofdstuk Basisrecepten toppings op pag. 28)
100 ml romige karamel, als saus (zie hoofdstuk Basisrecepten toppings op pag. 28)

CAKE

Verwarm de oven voor op 180 °C.
Zeef de bloem, de cacaopoeder en de bakpoeder. Meng de suiker en het zout erdoor. Mix in een andere kom het ei met de koffie, de melk, de zonnebloemolie en de vanille. Voeg beide mengsels bij elkaar en mix ze, op lage stand, tot een glad beslag. Mix het beslag vervolgens nog 10 seconden op de hoogste stand. Zet de cupcakevormpjes in de cupcaketray en vul ze voor driekwart met het beslag. Bak de cupcakes in de voorverwarmde oven in ongeveer 25 minuten gaar.

VANILLECRÈME EN CHOCOLADECRÈME

Doe de zachte boter met de poedersuiker in de kom van een keukenmachine. Klop de boter zeker 10 minuten rustig met de bisschophaak. Roer de banketbakkersroom glad en voeg deze geleidelijk toe aan de luchtige boter. Blijf kloppen tot alles goed gemengd is. Schep de helft van de vanillecrème in een andere kom. Houd dit apart. Voeg geleidelijk de gesmolten pure chocolade toe aan de rest in de kom van de mixer. Blijf kloppen tot alles goed gemengd is.

GARNERING

Schep de vanille- en chocoladecrème samen in één spuitzak met kartelmondje en spuit een mooie rozet op de cupcakes. Hierdoor krijg je een gemarmerd effect. Garneer de cupcakes met in vieren gesneden witte marshmallows en stukjes pecannoot, en per cupcake drie kleine zoute pretzels. Schep de vloeibare ganache en de romige karamel in één cornetje of klein spuitzakje en verdeel de saus over de crème.

RUDOLPH ZEGT:

'Dit is een echte over the top-cupcake. Net een patatje oorlog, maar dan de cupcakevariant.'

VAMPIRE

CUPCAKE MET VANILLECRÈME MARSEPEIN EN FRAMBOZENSAUS

VOOR 12 CUPCAKES

CAKE

140 gr bloem
50 gr cacaopoeder
1 eetl. bakpoeder (7 gr)
220 gr suiker
mespunt zout
1 ei
120 ml versgezette, afgekoelde koffie
60 ml melk
60 ml zonnebloemolie
merg geschraapt uit een vanillestokje of
1 eetl. natuurlijk vanille-extract

VANILLECRÈME

250 gr boter (op kamertemperatuur)
60 gr poedersuiker
250 gr banketbakkersroom (zie hoofdstuk Basisrecepten toppings op pag. 28)

GARNERING

100 gr marsepein
50 gr poedersuiker
100 gr frambozenjam

CAKE

Verwarm de oven voor op 180 °C.
Zeef de bloem, de cacaopoeder en de bakpoeder boven een kom. Meng met een garde de suiker en het zout erdoor. Mix in een andere kom het ei met de koffie, de melk, de zonnebloemolie en de vanille. Voeg beide mengsels bij elkaar en mix ze, op lage stand, tot een glad beslag. Mix het beslag vervolgens nog 10 seconden op de hoogste stand. Zet de cupcakevormpjes in de cupcaketray en vul ze voor driekwart met het beslag. Bak de cupcakes in de voorverwarmde oven in ongeveer 25 minuten gaar.

VANILLECRÈME

Doe de zachte boter met de poedersuiker in de kom van een keukenmachine. Klop de boter rustig met de bisschophaak luchtig. Dit duurt minstens 10 minuten. Gebruik een mixer als je geen keukenmachine hebt. Roer de banketbakkersroom glad met een garde en voeg deze geleidelijk toe aan de luchtige boter. Blijf kloppen tot alles goed gemengd is.

GARNERING

Schep de vanillecrème in een spuitzak met een rond spuitmondje en verdeel de crème als een rondje op de cupcakes. Zet in het midden drie frambozen. Schep hierover een lepel frambozenjam.

Rol de marsepein uit op een met poedersuiker bestrooid aanrecht. Steek rondjes uit ter grootte van de cupcakes. Maak in het midden twee gaatjes met een pen. Leg de marsepeinrondjes op de frambozen. Druk ze licht aan, zodat de jam een beetje uit de gaatjes komt.

89

'Rijkdom is...
alles mogen proeven'

FRUIT CUPCAKES

ALS JE ECHT IETS WIL MAKEN IS GEEN RECEPT TE MOEILIJK

Hier vind je de aller fruitigste cakejes, gemaakt met onder andere banaan, framboos, grapefruit, mango en perzik bekroond met decadente toppings. En die fruitige cupcakes maak je gewoon helemaal zelf!

THE KING

BANANENCUPCAKE MET PINDACRÈME

VOOR 12 CUPCAKES

CAKE

200 gr bloem
1 eetl. bakpoeder (7 gr)
100 gr bruine basterdsuiker
130 gr suiker
mespunt zout
mespunt kaneel
mespunt nootmuskaat
2 eieren
130 gr bananenpuree
180 ml zonnebloemolie
merg geschraapt uit een vanillestokje of
1 eetl. natuurlijk vanille-extract
130 gr banaan, in stukjes gesneden

PINDACRÈME

200 gr boter (op kamertemperatuur)
200 gr poedersuiker
200 gr pindakaas
50 gr pure chocolade

GARNERING

12 theel. frambozenjam
50 gr pure hagelslag (ca. 150 gr)
50 gr ongezouten pinda's, in stukjes (of fijngehakt)

CAKE

Verwarm de oven voor op 180 °C.
Zeef de bloem en bakpoeder boven een kom. Meng met een garde de beide suikersoorten, het zout en de andere specerijen erdoor. Mix in een andere kom de eieren, de bananenpuree, de zonnebloemolie en de vanille. Voeg beide mengsels bij elkaar en mix ze, op lage stand, tot een glad beslag. Mix het beslag vervolgens nog 10 seconden op de hoogste stand. Voeg dan de stukjes banaan toe. Zet de cupcake-vormpjes in de cupcaketray en vul ze voor driekwart met het beslag. Bak de cupcakes in de voorverwarmde oven in 20-25 minuten gaar.

PINDACRÈME

Doe de zachte boter met de poedersuiker in de kom van een keukenmachine. Klop de boter rustig met de bisschophaak luchtig. Dit duurt minstens 10 minuten. Gebruik een mixer als je geen keukenmachine hebt. Voeg in gedeelten de pindakaas en de gesmolten chocolade toe voor een warmere smaak en diepere kleur. Klop nu niet meer te lang. Stop als de chocolade goed gemengd is.

GARNERING

Verdeel over elke cupcake een theelepel frambozen-jam. Schep de pindacrème in een spuitzak met een glad, plat spuitmondje (Wilton no. 127). Door kleine ronde cirkels te spuiten, ontstaat een roosachtig motief. Garneer de cupcakes met hagelslag en/of pinda's.

MANGO TANGO

EXOTISCHE MANGOCUPCAKE MET JAPANSE GROENE-THEECRÈME

VOOR 12 CUPCAKES

CAKE

200 gr bloem
1 eetl. bakpoeder (7 gr)
230 gr suiker
mespunt zout
2 eieren
130 gr mangopuree of 130 ml mangosap
180 ml zonnebloemolie
merg geschraapt uit een vanillestokje of
1 eetl. natuurlijk vanille-extract
130 gr mango of banaan, in stukjes gesneden

GROENE-THEECRÈME

250 gr boter (op kamertemperatuur)
60 gr poedersuiker
1 theel. matcha (groene thee in poedervorm uit Japan)
250 gr banketbakkersroom (zie hoofdstuk Basisrecepten toppings op pag. 28)

GARNERING

12 kleine koekjes (bijv. oublie)
12 takjes aalbessen

CAKE

Verwarm de oven voor op 180 °C.
Zeef de bloem en bakpoeder boven een kom.
Meng met een garde de suiker en het zout erdoor.
Mix in een andere kom de eieren, de mangopuree, de zonnebloemolie en de vanille. Voeg beide mengsels bij elkaar en mix ze, op lage stand, tot een glad beslag. Voeg dan pas de stukjes fruit toe. Mix het beslag vervolgens nog 10 seconden op de hoogste stand. Zet de cupcakevormpjes in de cupcaketray en vul ze voor driekwart met het beslag. Bak de cupcakes in de voorverwarmde oven in 20-25 minuten gaar.

GROENE-THEECRÈME

Doe de zachte boter met de poedersuiker en de Matcha in de kom van een keukenmachine. Klop de boter rustig met de bisschophaak luchtig. Dit duurt minstens 10 minuten. Gebruik een mixer als je geen keukenmachine hebt. Roer de banketbakkersroom glad met een garde en voeg deze geleidelijk toe aan de luchtige boter. Blijf kloppen tot alles goed gemengd is.

GARNERING

Schep de groene thee crème in een spuitzak met een spuitmond in blaadjesvorm (Wilton nr. 115). Spuit de crème in lussen op de cupcakes, vijf lussen rondom en drie erop. Garneer de cupcakes met een koekje en een takje aalbessen.

RUDOLPH ZEGT:

'Deze matcha geeft de crème een speciale smaak. Kun je het poeder niet vinden? Laat dan twee groene-thee-zakjes mee trekken tijdens het koken van de melk voor de banketbakkersroom.'

GRAPEFRUIT-PAVLOVA

FRISSE GRAPEFRUITCUPCAKE MET VANILLECRÈME, FRUIT EN MERINGUE

VOOR 12 CUPCAKES

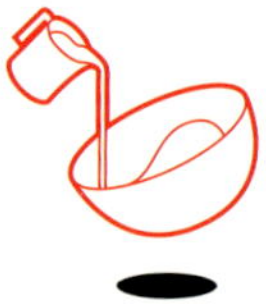

CAKE

200 gr bloem
1 eetl. bakpoeder (7 gr)
230 gr suiker
mespunt zout
2 eieren
150 ml grapefruitsap
180 ml zonnebloemolie
merg geschraapt uit een vanillestokje of
1 eetl. natuurlijk vanille-extract
130 gr fruit, in stukjes gesneden, bijv. kiwi, appel, banaan

VANILLECRÈME

250 gr boter (op kamertemperatuur)
60 gr poedersuiker
250 gr banketbakkersroom (zie hoofdstuk Basisrecepten toppings op pag. 28)

MERINGUE

100 gr eiwit = 4 stuks
200 gr fijne suiker

GARNERING

100 gr zacht fruit mix, bijv. bosbessen, frambozen, bramen, aardbeien
20 gr poedersuiker

CAKE

Verwarm de oven voor op 180 °C.
Zeef de bloem en bakpoeder. Meng de suiker en het zout erdoor. Mix in een andere kom de eieren, het grapefruit-sap, de zonnebloemolie en de vanille. Voeg beide mengsels bij elkaar en mix ze, op lage stand, tot een glad beslag. Mix het beslag vervolgens nog 10 seconden op de hoogste stand. Voeg dan pas de fruitstukjes toe. Zet de cupcakevormpjes in de cupcaketray en vul ze voor driekwart met het beslag. Bak de cupcakes in de voorverwarmde oven in 20-25 minuten gaar.

VANILLECRÈME

Doe de zachte boter met de poedersuiker in de kom van een keukenmachine. Klop de boter zeker 10 minuten rustig met de bisschophaak. Roer de banketbakkersroom glad en voeg deze geleidelijk toe aan de luchtige boter. Blijf kloppen tot alles goed gemengd is.

MERINGUE

Verwarm de oven voor op 100-120 °C. Klop de eiwitten stijf met 100 gram suiker. Spatel de rest erdoor en strijk dit ongeveer een centimeter dik uit op een bakplaat met bakmatje of bakpapier. Droog het schuim in ongeveer 1-2 uur krokant in de oven. Laat de meringue afkoelen en breek hem in stukjes.

GARNERING

Verdeel de vanillecrème over de cupcakes. Steek de stukken meringue in de crème, garneer de cupcakes met zacht fruit en bestrooi ze met poedersuiker.

IN DE JAREN 60

werkte mijn vader op diverse schepen van de beroemde Holland America Line. De avontuurlijke verhalen die hij mij als kleine jongen vertelde, hebben mij altijd enorm geïnspireerd. Wat zou hij het leuk gevonden hebben dat ik onlangs een echte cupcakeparty mocht verzorgen op een van zijn schepen, de prachtig gerestaureerde SS Rotterdam.

PÊCHE MELBA

PERZIKCUPCAKE MET VANILLECRÈME EN FRAMBOZEN

VOOR 12 CUPCAKES

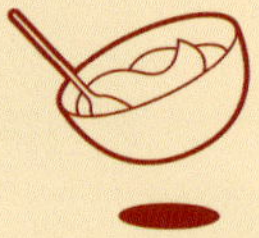

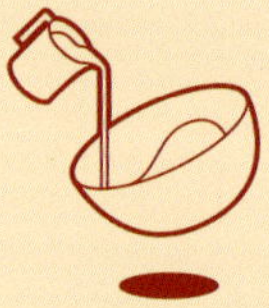

CAKE

200 gr bloem
1 eetl. bakpoeder (7 gr)
230 gr suiker
mespunt zout
2 eieren
130 ml perziksap (perzik-sinaasappelsap kan ook)
180 ml zonnebloemolie
merg geschraapt uit een vanillestokje of
1 eetl. natuurlijk vanille-extract
130 gr perzik, in stukjes gesneden

VANILLECRÈME

250 gr boter (op kamertemperatuur)
60 gr poedersuiker
250 gr banketbakkersroom (zie hoofdstuk Basisrecepten toppings op pag. 28)

GARNERING

30 gr geschaafde amandelen
12 theel. frambozenjam
12 frambozen
4 perziken, in stukjes gesneden
1 bosje munt

CAKE

Verwarm de oven voor op 180 °C.
Zeef de bloem en bakpoeder boven een kom.
Meng met een garde de suiker en het zout erdoor.
Mix in een andere kom de eieren, het perziksap, de zonnebloemolie en de vanille. Voeg beide mengsels bij elkaar en mix ze, op lage stand, tot een glad beslag. Mix het beslag vervolgens nog 10 seconden op de hoogste stand. Voeg dan pas de perzikstukjes toe. Zet de cupcakevormpjes in de cupcaketray en vul ze voor driekwart met het beslag. Bak de cupcakes in de voorverwarmde oven in 20-25 minuten gaar.

VANILLECRÈME

Doe de zachte boter met de poedersuiker in de kom van een keukenmachine. Klop de boter rustig met de bisschophaak luchtig. Dit duurt minstens 10 minuten. Gebruik een mixer als je geen keukenmachine hebt. Roer de banketbakkersroom glad met een garde en voeg deze geleidelijk toe aan de luchtige boter. Blijf kloppen tot alles goed gemengd is.

GARNERING

Rooster de geschaafde amandelen lichtbruin in een koekenpan en laat ze afkoelen. Schep de vanillecrème in een spuitzak met een kartelmondje en spuit een mooie rozet op de cupcakes. Schep hierop een theelepel frambozenjam. Garneer de cupcakes met de geroosterde amandelen, de frambozen, de stukjes perzik en de verse munt.

MARSHMALLOW FLUFF

RODE BIETEN-FRAMBOZEN CUPCAKE MET CITROENCRÈME EN ZACHT MARSHMALLOWSCHUIM

VOOR 12 CUPCAKES

CAKE
Verwarm de oven voor op 180 °C.
Zeef de bloem en de bakpoeder boven een kom. Meng met een garde de suiker en het zout erdoor. Mix in een andere kom de eieren, de bietenpuree en de zonnebloemolie. Voeg beide mengsels bij elkaar en mix ze, op lage stand, tot een glad beslag. Mix het beslag vervolgens nog 10 seconden op de hoogste stand. Voeg dan pas de frambozen toe.
Zet de cupcakevormpjes in de cupcaketray en vul ze voor driekwart met het beslag. Bak de cupcakes in de voorverwarmde oven in 20-25 minuten gaar.

CAKE
200 gr bloem
1 eetl. bakpoeder (7 gr)
230 gr suiker
mespunt zout
2 eieren
130 gr gekookte bietenpuree
180 ml zonnebloemolie
130 gr frambozen

CITROENCRÈME
1 recept basis citroencrème
(zie hoofdstuk Basisrecepten toppings op pag. 28)

MARSHMALLOW
80 ml water
250 gr suiker
125 gr eiwit = 4 stuks

GARNERING
12 frambozen

CITROENCRÈME
Kijk voor de bereiding in het hoofdstuk Basisrecepten toppings.

MARSHMALLOW
Breng het water met 200 gram suiker aan de kook. Kook minimaal 2 minuten tot een dikke siroop. Klop intussen de eiwitten stijf met 50 gram suiker. Schenk de hete suikersiroop in een dun straaltje voorzichtig door de eiwitten op de hoogste stand van de mixer. Blijf kloppen tot het schuim lauw is.

GARNERING
Schep de citroencrème in een spuitzak met een glad spuitmondje en spuit kleine bolletjes op de cupcakes. Vul een spuitzak met een glad spuitmondje met de marshmallow en spuit dit spiraalvormig op de cupcakes. Rooster de marshmallow voorzichtig met een gasbrandertje lichtbruin. Garneer de cupcakes met een framboos.

RUDOLPH ZEGT:
'Tijd besparen? Koop dan in de supermarkt een potje lemon curd, in plaats van de citroencrème zelf te maken.'

MOVIESTAR

BANANENCUPCAKE MET VANILLECRÈME EN POPCORN

VOOR 12 CUPCAKES

CAKE

200 gr bloem
1 eetl. bakpoeder (7 gr)
100 gr bruine basterdsuiker
130 gr suiker
mespunt zout
mespunt kaneel
mespunt nootmuskaat
2 eieren
130 gr bananenpuree
180 ml zonnebloemolie
merg geschraapt uit een vanillestokje of 1 eetl. natuurlijk vanille-extract
130 gr bananen, in stukjes gesneden

VANILLECRÈME

250 gr boter (op kamertemperatuur)
60 gr poedersuiker
250 gr banketbakkersroom (zie hoofdstuk Basisrecepten toppings op pag. 28)

GARNERING

100 gr popcorn, zout of zoet, kies je favoriet

CAKE

Verwarm de oven voor op 180 °C.
Zeef de bloem en de bakpoeder boven een kom. Meng met een garde de beide suikersoorten, het zout en de andere specerijen erdoor. Mix in een andere kom de eieren, de bananenpuree, de zonnebloemolie en de vanille. Voeg beide mengsels bij elkaar en mix ze, op lage stand, tot een glad beslag. Mix het beslag vervolgens nog 10 seconden op de hoogste stand. Voeg dan de stukjes banaan toe.
Zet de cupcakevormpjes in de cupcaketray en vul ze voor driekwart met het beslag. Bak de cupcakes in de voorverwarmde oven in 20-25 minuten gaar.

VANILLECRÈME

Doe de zachte boter met de poedersuiker in de kom van een keukenmachine. Klop de boter rustig met de bisschophaak luchtig. Dit duurt minstens 10 minuten. Gebruik een mixer als je geen keukenmachine hebt. Roer de banketbakkersroom glad met een garde en voeg deze geleidelijk toe aan de luchtige boter. Blijf kloppen tot alles goed gemengd is.

GARNERING

Schep de vanillecrème in een spuitzak met een glad spuitmondje en verdeel de crème over de cupcakes. Druk hierin zo veel mogelijk popcorn.

RUDOLPH ZEGT:

'Doe de popcorn er kort voor serveren op en zet de cupcakes dan niet meer in de koelkast, anders wordt de popcorn zacht.'

SANGRIA SUMMER

VANILLECUPCAKE MET RODEWIJNCRÈME EN VERS FRUIT

VOOR 12 CUPCAKES

CAKE

200 gr bloem
1 eetl. bakpoeder (7 gr)
230 gr suiker
mespunt zout
2 eieren
150 ml sinaasappelsap
180 ml zonnebloemolie
merg geschraapt uit een vanillestokje of
1 eetl. natuurlijk vanille-extract
130 gr groene appel, in stukjes gesneden

RODEWIJNCRÈME

250 gr boter
80 gr poedersuiker
250 gr banketbakkersroom (zie hoofdstuk Basisrecepten toppings op pag. 28; optie 3) aangeroerd met rode wijn

GARNERING

100 gr fruit, in stukjes gesneden, bijv. sinaasappel, groene appel, kiwi, aalbessen, druiven

CAKE

Verwarm de oven voor op 180 °C. Zeef de bloem en de bakpoeder boven een kom. Meng met een garde de suiker en het zout erdoor. Mix in een andere kom de eieren, het sinaasappelsap, de zonnebloemolie en de vanille. Voeg beide mengsels bij elkaar en mix ze, op lage stand, tot een glad beslag. Mix het beslag vervolgens nog 10 seconden op de hoogste stand. Voeg dan pas de appelstukjes toe. Zet de cupcakevormpjes in de cupcaketray en vul ze voor driekwart met het beslag. Bak de cupcakes in de voorverwarmde oven in 20-25 minuten gaar.

RODEWIJNCRÈME

Doe de zachte boter met de poedersuiker in de kom van een keukenmachine. Klop de boter rustig met de bisschophaak luchtig. Dit duurt minstens 10 minuten. Gebruik een mixer als je geen keukenmachine hebt. Roer de custard aan met de rode wijn (volgens de aanwijzingen op de verpakking). Dit hoeft niet meer gekookt te worden. Voeg de instant custard geleidelijk toe aan de luchtige boter. Blijf kloppen tot alles goed gemengd is.

GARNERING

Schep de rode wijncrème in een spuitzak met een kartelmondje en spuit een mooie rozet op de cupcakes. Garneer de cupcakes met stukjes fruit.

AMERICO

MANDARIJNCUPCAKE MET PEPERNOTENCRÈME

VOOR 12 CUPCAKES

CAKE

200 gr bloem
1 eetl. bakpoeder (7 gr)
230 gr suiker
mespunt zout
2 eieren
130 gr mandarijnenpuree of 130 ml mandarijnensap
180 ml zonnebloemolie
merg geschraapt uit een vanillestokje of
1 eetl. natuurlijk vanille-extract
130 gr mandarijn, in stukjes gesneden

PEPERNOTENCRÈME

250 gr boter (op kamertemperatuur)
60 gr poedersuiker
250 gr banketbakkersroom (zie hoofdstuk Basisrecepten toppings op pag. 28)
100 gr pepernoten

GARNERING

100 gr mandarijnpartjes
100 gr pepernoten

CAKE

Verwarm de oven voor op 180 °C. Zeef de bloem en de bakpoeder boven een kom. Meng met een garde de suiker en het zout erdoor. Mix in een andere kom de eieren, de mandarijnenpuree, de zonnebloemolie en de vanille. Voeg beide mengsels bij elkaar en mix ze, op lage stand, tot een glad beslag. Mix het beslag vervolgens nog 10 seconden op de hoogste stand. Voeg dan pas de stukjes mandarijn toe. Zet de cupcakevormpjes in de cupcaketray en vul ze voor driekwart met het beslag. Bak de cupcakes in de voorverwarmde oven in 20-25 minuten gaar.

PEPERNOTENCRÈME

Doe de zachte boter met de poedersuiker in de kom van een keukenmachine. Klop de boter rustig met de bisschophaak luchtig. Dit duurt minstens 10 minuten. Gebruik een mixer als je geen keukenmachine hebt. Roer de banketbakkersroom glad met een garde en voeg deze geleidelijk toe aan de luchtige boter. Blijf kloppen tot alles goed gemengd is. Verkruimel de pepernoten en spatel deze als laatste door de crème. Bewaar een paar pepernoten om te garneren.

GARNERING

Verdeel de pepernotencrème met een spatel over de cupcakes. Opspuiten mag ook, maar dit kan wat moeilijker gaan door de stukjes pepernoot. Garneer de cupcakes met partjes mandarijn en een paar pepernootjes.

RUDOLPH ZEGT:

'Als het geen pepernotentijd is (sinterklaastijd) kunnen ze prima vervangen worden door bitterkoekjes of Bastogne-koeken.'

EXTREMA SECRET FRUITS

SPANNENDE CUPCAKE MET JÄGERMEISTER-CHOCOLADECRÈME EN SCHUIMBLOEMEN

VOOR 12 CUPCAKES

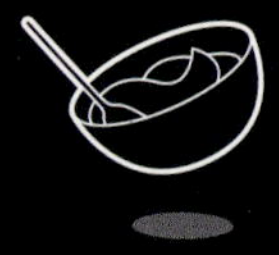

CAKE

200 gr bloem
1 eetl. bakpoeder (7 gr)
230 gr suiker
mespunt zout
2 eieren
130 gr vruchtenpuree van mango, passievrucht en banaan
180 ml zonnebloemolie
merg geschraapt uit een vanillestokje of
1 eetl. natuurlijk vanille-extract
1 eetl. zwarte sesamzaadjes
100 gr banaan, in stukjes gesneden

CHOCOLADECRÈME

250 gr boter (op kamertemperatuur)
60 gr poedersuiker
250 gr banketbakkersroom (zie hoofdstuk Basisrecepten toppings op pag. 28)
75 gr gesmolten pure chocolade
1 flesje Jägermeister (375 ml)

MERINGUE

100 gr eiwit = 4 stuks
200 gr fijne suiker

CAKE

Verwarm de oven voor op 180 °C.
Zeef de bloem en de bakpoeder. Meng de suiker en het zout erdoor. Mix in een andere kom de eieren, de vruchtenpuree, de zonnebloemolie, de vanille en de sesamzaadjes. Voeg beide mengsels bij elkaar en mix ze, op lage stand, tot een glad beslag. Mix het beslag vervolgens nog 10 seconden op de hoogste stand. Spatel dan de stukjes banaan erdoor. Zet de cupcakevormpjes in de cupcaketray en vul ze voor driekwart met het beslag. Bak de cupcakes in de voorverwarmde oven in 20-25 minuten gaar.

CHOCOLADECRÈME

Maak 1 recept basis vanillecrème. Voeg de gesmolten chocolade en de Jägermeister al kloppend bij de crème. Klop nu niet meer te lang. Stop als de chocolade goed gemengd is.

MERINGUE

Verwarm de oven voor op 100-120 °C. Klop de eiwitten stijf met 100 gram suiker. Spatel de rest erdoor. Schep het eiwitmengsel in een spuitzak met een glad spuitmondje en spuit bloemetjes op een bakplaat met bakpapier. Droog de schuimbloemen in ongeveer 1-2 uur krokant in de oven. Laat ze afkoelen.

GARNERING

Schep de chocoladecrème in een spuitzak met een glad spuitmondje. Spuit de crème als een spiraal op de cupcakes. Garneer de cupcakes met de schuimbloemen.

'Creativiteit is gewoon eens anders naar dingen kijken'

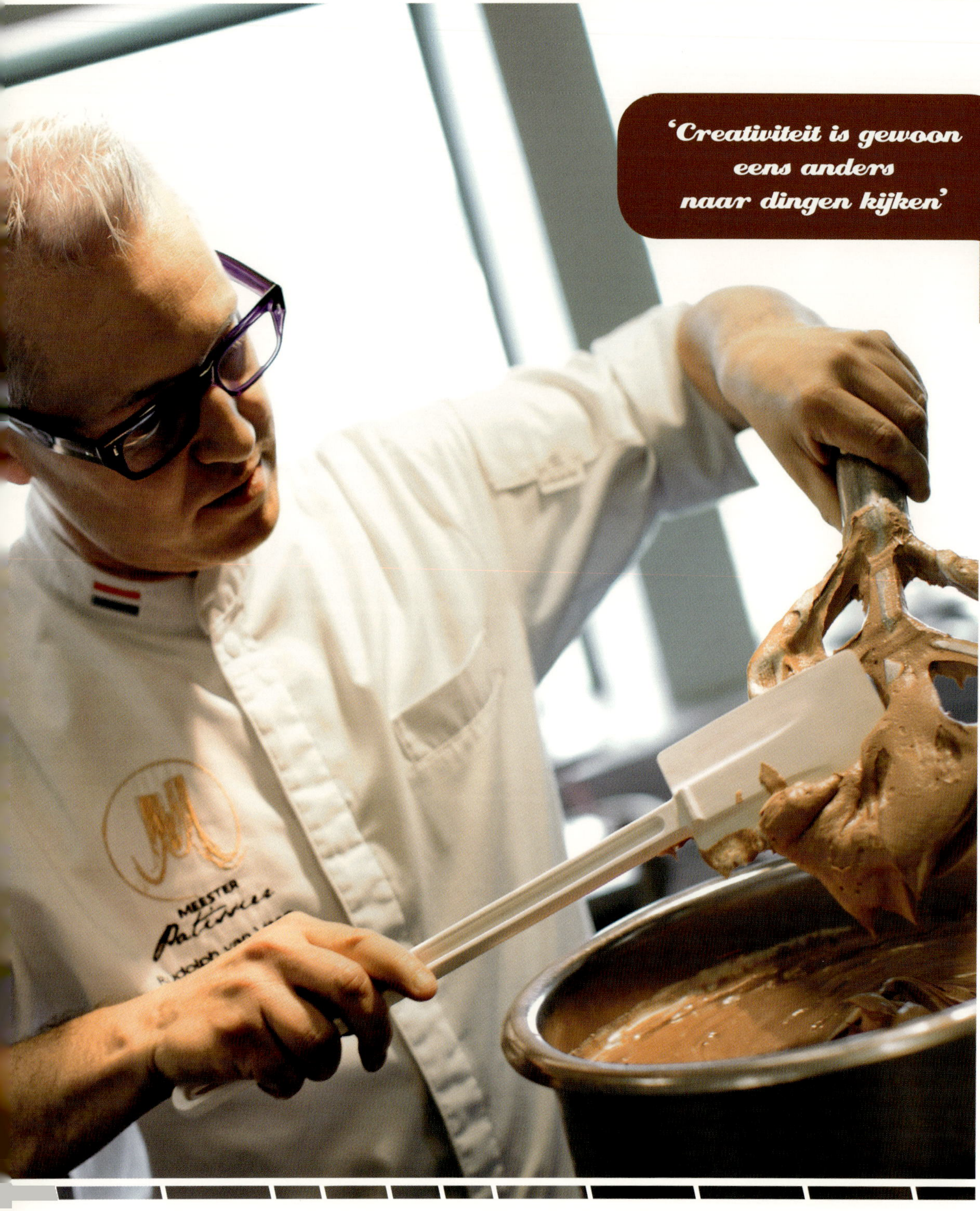

VOLKOREN CUPCAKES

EEN RECEPT IS NIETS MEER DAN EEN THEMA WAAROP JE EINDELOOS KUNT VARIËREN

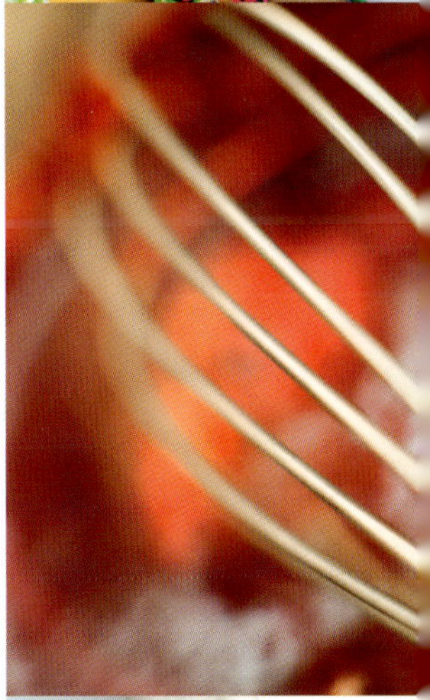

Cupcakes om je echt goed bij te voelen. Langzame koolhydraten, heel veel smaak en een verrukkelijke bite. Volkorencupcakes vormen een perfecte combinatie met fruit, hazelnootpasta, kruidige pompoen en sappige worteltjes. Gezond verstand en goede smaak gaan hand in hand!

CHOCOPASTA

CHOCOLADECUPCAKE MET EEN ZACHTE HAZELNOOT-CHOCOLADECRÈME

VOOR 12 CUPCAKES

CAKE

200 gr volkorenmeel
50 gr cacaopoeder
120 gr suiker
100 gr bruine basterdsuiker
1 eetl. bakpoeder (7 gr)
mespunt zout
mespunt gemalen kaneel
2 eieren
180 gr zonnebloemolie
225 ml melk

HAZELNOOT-CHOCOLADECRÈME

200 gr boter
75 gr poedersuiker
200 gr hazelnoot-chocoladepasta (Nutella)

GARNERING

12 hazelnoten
100 gr gesmolten melkchocolade
50 gr cacaopoeder

CAKE

Verwarm de oven voor op 180 °C.
Meng in een kom het volkorenmeel, de cacao, beide suikersoorten, de bakpoeder, het zout en de kaneel met een garde door elkaar. Mix in een andere kom de eieren, de zonnebloemolie en de melk. Voeg beide mengsels bij elkaar en mix ze, op lage stand, tot een glad beslag. Zet de cupcakevormpjes in de cupcake-tray en vul ze voor driekwart met het beslag. Bak de cupcakes in de voorverwarmde oven in ongeveer 25 minuten gaar.

HAZELNOOT-CHOCOLADECRÈME

Klop de boter met de poedersuiker rustig met de bisschophaak luchtig. Dit duurt minstens 10 minuten. Gebruik een mixer als je geen keukenmachine hebt. Voeg de chocoladepasta geleidelijk toe aan de luchtige boter. Blijf kloppen tot alles goed gemengd is.

GARNERING

Doop de hazelnoten in de gesmolten melkchocolade en rol ze daarna door de cacaopoeder. Schep de hazelnoot-chocoladecrème in een spuitzak met een platte spuitmond (Wilton nr. 127). Spuit de crème als blaadjes op de cupcakes. Garneer de cupcakes met een hazelnoot.

BLUES OF THE BERRIES

CUPCAKE MET CREAM-CHEESECRÈME EN BLAUWE BESSEN EN FRAMBOZEN

VOOR 12 CUPCAKES

CAKE

200 gr volkorenmeel
50 gr havermout
120 gr suiker
100 gr bruine basterdsuiker
1 eetl. bakpoeder (7 gr)
mespunt zout
mespunt gemalen kaneel
2 eieren
180 gr zonnebloemolie
225 ml melk
130 gr bosbessen

CREAM CHEESE CRÈME

200 gr boter (op kamertemperatuur)
200 gr poedersuiker
merg geschraapt uit een vanillestokje of
1 eetl. natuurlijk vanille-extract
200 gr roomkaas (op kamertemperatuur)

GARNERING

200 gr bosbessen
200 gr frambozen

CAKE

Verwarm de oven voor op 180 °C.
Meng in een kom het volkorenmeel, de havermout, beide suikersoorten, de bakpoeder, het zout en de kaneel met een garde door elkaar. Mix in een andere kom de eieren, de zonnebloemolie en de melk. Voeg beide mengsels bij elkaar en mix ze, op lage stand, tot een glad beslag. Schep de bosbessen door het beslag. Zet de cupcakevormpjes in de cupcaketray en vul ze voor driekwart met het beslag. Bak de cupcakes in de voorverwarmde oven in ongeveer 25 minuten gaar.

CREAM CHEESE CRÈME

Doe de zachte boter met de poedersuiker en de vanille in de kom van een keukenmachine. Klop de boter rustig met de bisschophaak luchtig. Dit duurt minstens 10 minuten. Gebruik een mixer als je geen keukenmachine hebt. Roer de roomkaas glad met een spatel en voeg deze geleidelijk toe aan de luchtige boter. Blijf kloppen tot alles goed gemengd is.

GARNERING

Schep de cream-cheesecrème in een spuitzak met een glad spuitmondje en spuit de crème op de cupcakes. Garneer de cupcakes rondom met bosbessen. Maak in het midden een torentje van vijf frambozen.

OP EEN MOOIE DAG IN JULI

bezochten we het Fernandes Zomercarnaval in Rotterdam.
Een wereldstad vol Caribische muziek, vrolijke mensen en exotische cupcakes bleken een perfect match!

APPLE CRUMBLE

VOLKOREN-APPEL CUPCAKE MET KANEELCRÈME EN KROKANTE CRUMBLE

VOOR 12 CUPCAKES

CAKE
200 gr volkorenmeel
50 gr havermout
120 gr suiker
100 gr bruine basterdsuiker
1 eetl. bakpoeder (7 gr)
mespunt zout
mespunt gemalen kaneel
2 eieren
180 gr zonnebloemolie
225 ml melk
1 appel, geschild en in blokjes

KANEELCRÈME
250 gr boter (op kamertemperatuur)
60 gr poedersuiker
250 gr banketbakkersroom (zie hoofdstuk Basisrecepten toppings op pag. 28)
½ theel. kaneelpoeder

CRUMBLE
100 gr bloem
50 gr boter
50 gr suiker
½ theel. geraspte sinaasappelschil

GARNERING
30 gr walnoot
20 gr poedersuiker

CAKE
Verwarm de oven voor op 180 °C.
Meng het volkorenmeel, de havermout, beide suikersoorten, de bakpoeder, het zout en de kaneel met een garde door elkaar. Mix in een andere kom de eieren, de zonnebloemolie en de melk. Voeg beide mengsels bij elkaar en mix ze, op lage stand, tot een glad beslag. Spatel de appelblokjes erdoor. Zet de cupcakevormpjes in de cupcaketray en vul ze voor driekwart met het beslag. Bak de cupcakes in de voorverwarmde oven in ongeveer 25 minuten gaar.

KANEELCRÈME
Doe de zachte boter met de poedersuiker en de kaneel in de kom van een keukenmachine. Klop de boter zeker 10 minuten rustig met de bisschophaak luchtig. Roer de banketbakkersroom glad met een garde en voeg deze geleidelijk toe aan de luchtige boter. Blijf kloppen tot alles goed gemengd is.

CRUMBLE
Verwarm de oven voor op 180 °C. Hak de bloem met de boter, de suiker en de sinaasappelrasp in een keukenmachine tot grof kruim. Bak de crumble in de voorverwarmde oven in 10 minuten krokant. Laat de crumble afkoelen.

GARNERING
Schep de kaneelcrème in een spuitzak met gekarteld spuitmondje en spuit de crème op de cupcakes. Garneer de cupcakes met de crumble en de walnoten en bestrooi ze met poedersuiker.

VINGINO
MILANO

SPICY PUMPKIN

KRUIDIGE POMPOENCUPCAKE MET MELK-CHOCOLADECRÈME EN ROMIGE KARAMEL

VOOR 12 CUPCAKES

CAKE

200 gr volkorenmeel
1 eetl. bakpoeder (7 gr)
220 gr bruine basterdsuiker
mespunt zout
mespunt kaneelpoeder
mespunt gemalen peper
mespunt gemberpoeder
2 eieren
260 gr geraspte pompoen
180 ml zonnebloemolie
275 ml melk

MELKCHOCOLADECRÈME

250 gr boter (op kamertemperatuur)
60 gr poedersuiker
250 gr banketbakkersroom (kookroom, of snelle methode, zie hoofdstuk Basisrecepten toppings op pag. 28)
150 gr gesmolten melkchocolade

ROMIGE KARAMEL

150 gr suiker
100 ml slagroom
75 gr boter
mespunt zeezout

GARNERING

50 gr geschaafde melkchocolade
50 gr gepofte pompoenpitten

CAKE

Verwarm de oven voor op 180 °C.
Zeef het volkorenmeel en de bakpoeder boven een kom. Meng met een garde de suiker, het zout en alle specerijen erdoor. Mix in een andere kom de eieren, de geraspte pompoen, de zonnebloemolie en de melk. Voeg beide mengsels bij elkaar en mix ze, op lage stand, tot een glad beslag. Mix het beslag vervolgens nog 10 seconden op de hoogste stand. Zet de cupcakevormpjes in de cupcaketray en vul ze voor driekwart met het beslag. Bak de cupcakes in de voorverwarmde oven in 20-25 minuten gaar.

MELKCHOCOLADECRÈME

Maak 1 recept basis vanillecrème. Voeg de gesmolten chocolade al kloppend bij de crème. Klop nu niet meer te lang. Stop als de chocolade goed gemengd is.

ROMIGE KARAMEL

Kijk voor de bereiding in het hoofdstuk Basisrecepten toppings.

GARNERING

Schep de melkchocoladecrème in een spuitzak met een kartel spuitmondje en spuit een dubbele ring op de cupcakes, zodat in het midden een ruimte overblijft. Vul de ruimte op met de romige karamel. Garneer de cupcakes met geschaafde melkchocolade en gepofte pompoenpitten.

CRAZY CARROT

RIJK GEVULDE CUPCAKE MET CREAM-CHEESECRÈME

VOOR 12 CUPCAKES

CAKE

160 gr volkorenmeel
50 gr havermout
130 gr suiker
100 gr bruine basterdsuiker
1 eetl. bakpoeder (7 gr)
mespunt zout
mespunt kaneel
2 eieren
130 gr fijn geraspte worteltjes
180 ml zonnebloemolie
50 gr gehakte walnoten
50 gr gewelde rozijnen
130 ml kokosmelk

CREAM-CHEESECRÈME

200 gr boter (op kamertemperatuur)
200 gr poedersuiker
merg geschraapt uit een vanillestokje of
1 eetl. natuurlijk vanille-extract
200 gr roomkaas (op kamertemperatuur)

GARNERING

12 worteltjes
100 gr abrikozenjam
50 gr gehakte pistachenootjes

CAKE

Verwarm de oven voor op 180 °C.
Meng in een kom het volkorenmeel, de havermout, beide suikersoorten, de bakpoeder, het zout en de kaneel met een garde door elkaar. Mix in een andere kom de eieren, de geraspte worteltjes, de zonnebloemolie, de walnoten, de rozijnen en de melk. Voeg beide mengsels bij elkaar en mix ze, op lage stand, tot een glad beslag. Mix het beslag vervolgens nog 10 seconden op de hoogste stand. Zet de cupcakevormpjes in de cupcaketray en vul ze voor driekwart met het beslag. Bak de cupcakes in de voorverwarmde oven in ongeveer 25 minuten gaar.

CREAM-CHEESECRÈME

Doe de zachte boter met de poedersuiker en de vanille in de kom van een keukenmachine. Klop de boter rustig met de bisschophaak luchtig. Dit duurt minstens 10 minuten. Gebruik een mixer als je geen keukenmachine hebt. Roer de roomkaas glad met een spatel en voeg deze geleidelijk toe aan de luchtige boter. Blijf kloppen tot alles goed gemengd is.

GARNERING

Schrap de worteltjes schoon. Snijd ze in een mooi strak modelletje. Breng een pannetje met water aan de kook en dompel de worteltjes hier 10 seconden in (blancheren). Laat ze afkoelen. Roer de abrikozenjam los en haal de worteltjes erdoor. Schep de cream-cheesecrème in een spuitzak met een kartelmondje. Spuit de crème direct op de afgekoelde carrot-cupcakes. Garneer de cupcakes met gehakte pistachenootjes en geglaceerde worteltjes.

RUDOLPH ZEGT:

'Als je niet van kokos houdt, kun je de kokosmelk vervangen door ananaspuree.'

*'Cupcakes,
the sweetest way to
celebrate your day!'*

HARTIGE CUPCAKES

WIE WIL ER NOU NIET VERWEND WORDEN?

De patissier als kok, waarom ook niet? Cupcakes lenen zich perfect om ook als hartige variant uit te voeren. Perfect als lunchgerecht of tijdens een feestje. Doe mij maar een Viva Mexico (pag. 116) met een koude Corona.

STILTON-PORT

BLUE STILTON-CUPCAKE MET VIJGEN EN RODE PORTCRÈME

VOOR 12 CUPCAKES

CAKE

100 gr Blue Stilton
50 gr gedroogde vijgen
2 verse vijgen
275 gr bloem
1 eetl. bakpoeder (7 gr)
1 theel. zout
2 eieren
225 ml karnemelk

RODE PORTCRÈME

100 ml rode port
2 eetl. honing
250 gr boter (op kamertemperatuur)
1 theel. zout

GARNERING

30 gr walnoten

CAKE

Verwarm de oven voor op 180 °C. Verbrokkel de kaas en snijd de vijgen in stukjes. Zeef de bloem met de bakpoeder boven een kom. Meng met een garde het zout erdoor. Mix in een andere kom de eieren met de karnemelk. Voeg beide mengsels bij elkaar en mix ze, op lage stand, tot een glad beslag. Mix het beslag vervolgens nog 10 seconden op de hoogste stand. Schep dan de stukjes kaas en de stukjes vijg door het beslag. Zet de cupcakevormpjes in de cupcaketray en vul ze voor driekwart met het beslag. Bak de cupcakes in de voorverwarmde oven in ongeveer 25 minuten gaar.

RODE PORTCRÈME

Kook de rode port met de honing in tot er nog 2 eetlepels over zijn. Klop de boter met het zout rustig met de bisschophaak luchtig. Dit duurt minstens 10 minuten. Gebruik een mixer als je geen keukenmachine hebt. Voeg als laatste de rode port toe. Blijf kloppen tot alles goed gemengd is.

GARNERING

Schep de rode portcrème in een spuitzak met een kartelmondje en spuit een mooie rozet op de cupcakes. Garneer de cupcakes met walnoten.

VIVA MEXICO

PITTIGE CUPCAKE MET MAÏS EN AVOCADOCRÈME

VOOR 12 CUPCAKES

CAKE
200 gr bloem
1 eetl. bakpoeder (7 gr)
50 gr suiker
1 eetl. tacokruiden
2 eieren
180 ml bouillon (kip of groente)
80 ml zonnebloemolie
150 gr maïskorrels (geblancheerd of uit blik)
enkele jalapeño pepertjes (optioneel)

AVOCADOCRÈME
200 gr boter (op kamertemperatuur)
100 gr roomkaas (op kamertemperatuur)
1 rijpe avocado
sap van ½ limoen
enkele blaadjes verse koriander
zout en peper

GARNERING
12 kerstomaatjes
1 zakje tortillachips

CAKE

Verwarm de oven voor op 180 °C.
Zeef de bloem en bakpoeder boven een kom. Meng met een garde de suiker en de tacokruiden erdoor. Mix in een andere kom de eieren met de bouillon en de zonnebloemolie. Voeg beide mengsels bij elkaar en mix ze, op lage stand, tot een glad beslag. Mix het beslag vervolgens nog 10 seconden op de hoogste stand. Schep de maïskorrels en eventueel enkele jalapeñopepertjes door het beslag. Zet de cupcakevormpjes in de cupcaketray en vul ze voor driekwart met het beslag. Bak de cupcakes in de voorverwarmde oven in ongeveer 25 minuten gaar.

AVOCADOCRÈME

Doe de zachte boter in de kom van een keukenmachine. Klop de boter rustig met de bisschophaak luchtig. Dit duurt minstens 10 minuten. Gebruik een mixer als je geen keukenmachine hebt. Roer de roomkaas glad met een spatel. Schil de avocado en snijd het vruchtvlees in kleine stukjes. Prak de stukjes avocado fijn met een vork of pureer ze in een keukenmachine en voeg het limoensap toe. Snijd de koriander fijn. Voeg de roomkaas, de avocadopulp, de fijngesneden koriander en naar smaak zout en peper toe en laat het geheel nog even draaien in de mixer.

GARNERING

Schep de avocadocrème in een spuitzak met een kartelmondje en spuit de crème als een rozet op de cupcakes. Garneer de cupcakes met een kerstomaatje en een tortillachip.

POPEYE'S CHOICE

LUCHTIGE SPINAZIECUPCAKE MET ZACHTE GEITENKAASCRÈME EN PIJNBOOMPITTEN

VOOR 12 CUPCAKES

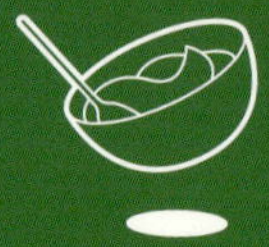

CAKE
200 gr bloem
1 eetl. bakpoeder (7 gr)
50 gr honing
mespunt zout
2 eieren
225 gr spinaziepuree (gekookt en gepureerd of uit de diepvries/a la crème)
80 ml olijfolie extra vergine

GEITENKAASCRÈME
200 gr boter (op kamertemperatuur)
200 gr zachte jonge geitenkaas
50 gr honing
zout en peper

GARNERING
50 gr pijnboompitten
enkele druppels honing
1 bosje verse tijm

CAKE
Verwarm de oven voor op 180 °C. Zeef de bloem en de bakpoeder boven een kom. Meng met een garde de honing en het zout erdoor. Mix in een andere kom de eieren, de spinaziepuree en de olijfolie. Voeg beide mengsels bij elkaar en mix ze, op lage stand, tot een glad beslag. Mix het beslag vervolgens nog 10 seconden op de hoogste stand. Zet de cupcakevormpjes in de cupcaketray en vul ze voor driekwart met het beslag. Bak de cupcakes in de voorverwarmde oven in ongeveer 25 minuten gaar.

GEITENKAASCRÈME
Doe de zachte boter in de kom van een keukenmachine. Klop de boter rustig met de bisschophaak luchtig. Dit duurt minstens 10 minuten. Gebruik een mixer als je geen keukenmachine hebt. Roer de geitenkaas glad met een spatel en voeg deze geleidelijk aan de luchtige boter toe met de honing en zout en peper naar smaak. Blijf kloppen tot alles goed gemengd is.

GARNERING
Schep de geitenkaascrème in een spuitzak met een kartelmondje en spuit de crème als een rozet op de cupcakes. Garneer de cupcakes met de pijnboompitten, enkele druppels honing en de verse tijm.

RUDOLPH ZEGT:

'Bewaar de pit van de avocado in de avocadocrème. Deze pit bevat stoffen die ervoor zorgen dat de crème minder snel verkleurt.'

THUIS HEERLIJK CUPCAKES BAKKEN

is voor mij echt een feest. Ook omdat je met vrij weinig middelen (en afwas!) al snel iets bijzonders kunt maken waar iedereen blij van wordt. Het begint al met de voorpret van het bedenken wat je gaat maken. En dan krijg je als een soort extra cadeautje ook nog eens die heerlijke geur in je huis! Voor kinderen is bakken en vooral het versieren van cupcakes zo'n beetje het leukste wat ze kunnen doen in de categorie 'helpen'. Geef ze de vrijheid en laat ze zich lekker uitleven!

CAPRESE

HARTIGE CUPCAKE MET MOZZARELLA EN PESTO-ROOMKAASCRÈME

VOOR 12 CUPCAKES

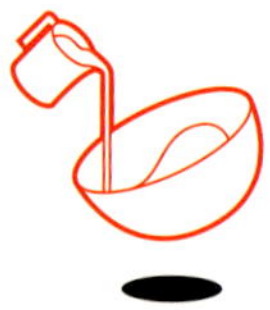

CAKE

200 gr bloem
1 eetl. bakpoeder (7 gr)
50 gr suiker
mespunt zout
2 eieren
225 ml melk
80 ml olijfolie extra vergine
100 gr mozzarella, in kleine stukjes
50 gr pijnboompitten

PESTO-ROOMKAASCRÈME

200 gr boter (op kamertemperatuur)
200 gr roomkaas (op kamertemperatuur)
2 eetl. groene pesto
enkele blaadjes verse basilicum
zout en peper

GARNERING

12 kers tomaatjes
enkele blaadjes basilicum

CAKE

Verwarm de oven voor op 180 °C. Zeef de bloem en de bakpoeder boven een kom. Meng met een garde de suiker en het zout erdoor. Mix in een andere kom de eieren, de melk en de olijfolie. Voeg beide mengsels bij elkaar en mix ze, op lage stand, tot een glad beslag. Mix het beslag vervolgens nog 10 seconden op de hoogste stand. Spatel als laatste de stukjes mozzarella en de pijnboompitten erdoor. Zet de cupcakevormpjes in de cupcaketray en vul ze voor driekwart met het beslag. Bak de cupcakes in de voorverwarmde oven in ongeveer 25 minuten gaar.

PESTO-ROOMKAASCRÈME

Doe de zachte boter in de kom van een keukenmachine. Klop de boter rustig met de bisschophaak luchtig. Dit duurt minstens 10 minuten. Gebruik een mixer als je geen keukenmachine hebt. Roer de roomkaas glad met een spatel en voeg deze geleidelijk aan de luchtige boter toe met de pesto, het fijn gesneden basilicum en zout en peper naar smaak. Blijf kloppen tot alles goed gemengd is.

GARNERING

Schep de pesto-roomkaascrème in een spuitzak met een kartelmondje en spuit de crème als een rozet op de cupcakes. Garneer de cupcakes met een klein kerstomaatje en kleine blaadjes basilicum.

BITTERBAL

HARTIGE CUPCAKE MET EEN BITTERBAL EN EEN TOEFJE MOSTERDCRÈME

VOOR 12 CUPCAKES

CAKE
200 gr bloem
1 eetl. bakpoeder (7 gr)
mespunt versgeraspte nootmuskaat
2 eetl. gehakte verse peterselie
2 eieren
180 ml bouillon (kip of groente)
80 ml gesmolten boter
12 bitterballen, diepvries

MOSTERDCRÈME
125 gr boter (op kamertemperatuur)
50 gr pittige gele mosterd (Dyon)
1 eetl. mayonaise
mespunt zout

GARNERING
12 prikkertjes met (Nederlandse) vlag

CAKE
Verwarm de oven voor op 180 °C. Zeef de bloem en de bakpoeder boven een kom. Meng met een garde de nootmuskaat en de peterselie erdoor. Mix in een andere kom de eieren met de bouillon en de boter. Voeg beide mengsels bij elkaar en mix ze, op lage stand, tot een glad beslag. Mix het beslag vervolgens nog 10 seconden op de hoogste stand. Zet de cupcakevormpjes in de cupcaketray en vul ze voor de helft met het beslag. Druk in het midden een bevroren bitterbal zodat de bitterballen iets bedekt worden door het beslag. Bak de cupcakes in de voorverwarmde oven in ongeveer 25 minuten gaar.

MOSTERDCRÈME
Doe de zachte boter in de kom van een keukenmachine. Klop de boter rustig met de bisschophaak luchtig. Dit duurt minstens 10 minuten. Gebruik een mixer als je geen keukenmachine hebt. Voeg de mosterd, de mayonaise en het zout toe en laat nog even draaien in de keukenmachine.

GARNERING
Schep de mosterdcrème met een lepeltje als een dotje op de cupcakes. Prik de vlaggetjes in de cupcakes.

'Liefde en cupcakes zijn tweelingen'

CLUBCAKES

GOED IS DE VIJAND VAN GEWELDIG

Een tijdje terug zat ik op een zonnig terrasje te dagdromen met een kop koffie en een avocado sandwich. Met die sandwich in mijn hand, vroeg ik mij af of het mogelijk zou zijn het eetgemak van een sandwich te combineren met de smaak van een cupcake? Net zoiets als een ijswafel... Een soort zoete club-sandwich. Makkelijk om gewoon uit de hand te eten en ook praktisch om in te pakken voor op reis.

In Pennsylvania, Verenigde Staten, zag ik ooit moeders zoiets meegeven aan hun kinderen voor mee naar school. Whoopie Pies werden ze genoemd. Dat zou hier zoiets betekenen als 'Hoera Taartjes'. Ik ben mijn creaties Club cakes gaan noemen. Een beetje een kruising tussen een cupcake en een club sandwich. Je kunt ze zo groot of klein maken als je zelf wilt. De basis is steeds twee plakjes speciaal deeg met daartussen een heerlijke vulling. Als je de slag eenmaal te pakken hebt, kun je alle toppings en vullingen uit dit boek gebruiken als vulling voor Club cakes. Om mee te nemen pak je de Club cakes gewoon in met huishoudfolie.

HAVERMOUT

HAVERMOUTCLUBCAKE GEVULD MET CREAM-CHEESECRÈME

VOOR 10-12 CLUBCAKES

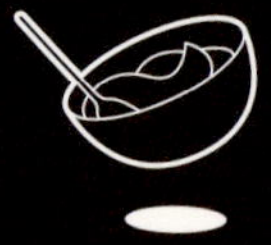

CAKE

60 gr boter, op kamertemperatuur
100 gr suiker
100 gr bruine basterdsuiker
2 eieren
merg geschraapt uit een vanillestokje of
1 eetl. natuurlijk vanille-extract
120 gr bloem
4 gr bakpoeder
130 gr havermout
4 gr kaneel
6 gr zout
75 gr fijngehakte pecannoten

CREAM-CHEESECRÈME

200 gr boter (op kamertemperatuur)
200 gr poedersuiker
merg geschraapt uit een vanillestokje of
1 eetl. natuurlijk vanille-extract
200 gr roomkaas

CAKE

Verwarm de oven voor op 190 °C.
Doe de zachte boter met beide suikersoorten in een kom. Klop de boter met de bisschopshaak rustig luchtig. Voeg de eieren en de vanille toe. Mix 2 minuten. Zeef in een andere kom de bloem en de bakpoeder en meng met een garde de havermout, de kaneel en het zout erdoor. Voeg beide mengsels bij elkaar en mix ze, op middelmatige stand, tot een glad beslag. Voeg dan pas de gehakte pecannoten toe. Verdeel het deeg met behulp van een ijsknijper of spuit het in ronde cirkels met een spuitzak op bakpapier. Totaal ongeveer 24 stuks. Doe dit niet te dicht op elkaar. Het deeg zal tijdens het bakken iets uitdrijven tot een soort ronde eierkoeken. Bak de deegplakjes in de voorverwarmde oven in ongeveer 10 minuten gaar en laat ze uit de oven eerst afkoelen voordat je ze van het bakpapier afhaalt. Keer het bakpapier om en pel de cakeplakjes eraf, dit is het handigst.

CREAM-CHEESECRÈME

Doe de zachte boter met de poedersuiker en de vanille in een kom. Klop de boter met de bisschopshaak rustig luchtig. Dit duurt minstens 10 minuten. Roer de roomkaas glad met een spatel en voeg deze geleidelijk toe aan de luchtige boter. Blijf kloppen tot alles goed gemengd is.

AFWERKING

Schep de cream-cheesecrème in een spuitzak met een glad spuitmondje en verdeel de crème over de helft van de cakeplakjes. Dit kun je ook met een spatel doen. Leg de andere helften erop en druk ze voorzichtig aan.

SUMMER

VANILLECLUBCAKE GEVULD MET SLAGROOM EN AARDBEIEN

VOOR 10-12 CLUBCAKES

CAKE

Verwarm de oven voor op 190 °C.
Doe de zachte boter met de suiker in de kom van een keukenmachine. Klop de boter rustig met de bisschophaak luchtig. Gebruik een mixer als je geen keukenmachine hebt. Voeg de eieren, de vanille en de melk toe. Mix 2 minuten. Zeef de bloem met de bakpoeder boven een andere kom. Meng met een garde het zout erdoor. Voeg beide mengsels bij elkaar en mix ze, op middelmatige stand, tot een glad beslag. Verdeel het deeg met behulp van een ijsknijper of spuit het in ronde cirkels met een spuitzak op bakpapier. In totaal maak je ongeveer 24 stuks. Doe dit niet te dicht op elkaar. Het deeg zal tijdens het bakken iets uitdrijven tot een soort eierkoeken. Bak de deegplakjes in de voorverwarmde oven in ongeveer 10 minuten gaar en laat ze uit de oven eerst afkoelen voordat je ze van het bakpapier afhaalt. Keer het bakpapier om en pel de cakeplakjes eraf, dit is het handigst.

VULLING

Klop de slagroom met de suiker bijna stijf. Was de aardbeien met de kroontjes eraan. Maak ze droog en snijd ze in kleine stukjes. Schep de slagroom in een spuitzak met een glad spuitmondje en verdeel de vulling in een ring over de helft van de cakeplakjes, zodat in het midden een ruimte overblijft. Vul het midden op met de stukjes aardbei. Leg de andere helften erop en druk ze voorzichtig aan.

CAKE

120 gr boter, op kamertemperatuur
200 gr suiker
2 eieren
merg geschraapt uit een vanillestokje of
1 eetl. natuurlijk vanille-extract
200 ml melk
360 gr bloem
1 eetl. bakpoeder (7 gr)
mespunt zout

VULLING

250 ml slagroom
100 gr suiker
1 bakje aardbeien

CHOCO SAMBA

CHOCOLADECLUBCAKE GEVULD MET VANILLE- EN CHOCOLADECRÈME

VOOR 10-12 CLUBCAKES

CAKE

120 gr boter
200 gr bruine basterdsuiker
1 ei
merg geschraapt uit een vanillestokje of
1 eetl. natuurlijk vanille-extract
300 ml melk
270 gr bloem
80 gr cacaopoeder
1 eetl. bakpoeder (7 gr)
mespunt zout

VULLING

250 gr boter (op kamertemperatuur)
60 gr poedersuiker
250 gr banketbakkersroom (zie hoofdstuk Basisrecepten
toppings op pag. 28: optie 1, 2 of 3)
75 gr gesmolten pure chocolade

CAKE

Verwarm de oven voor op 190 °C.
Doe de zachte boter met de suiker in een kom.
Klop de boter rustig luchtig. Voeg het ei, de vanille en de melk toe. Mix 2 minuten. Zeef de bloem met de cacaopoeder en de bakpoeder boven een andere kom. Meng het zout erdoor. Voeg beide mengsels bij elkaar en mix ze, op middelmatige stand, tot een glad beslag. Verdeel het deeg met behulp van een ijslepel of spuit het in ronde cirkels met een spuitzak op bakpapier. In totaal maak je ongeveer 24 stuks. Doe dit niet te dicht op elkaar. Het deeg zal tijdens het bakken iets uitdrijven tot een soort eierkoeken. Bak de deegplakjes in ongeveer 10 minuten in de voorverwarmde oven gaar en laat ze uit de oven eerst afkoelen voordat je ze van het bakpapier afhaalt. Keer het bakpapier om en pel de cakeplakjes eraf, dit is het handigst.

VULLING

Doe de zachte boter met de poedersuiker in de kom van een keukenmachine. Klop de boter met de bisschopshaak rustig luchtig. Dit duurt minstens 10 minuten. Roer de banketbakkersroom glad met een garde en voeg deze geleidelijk toe aan de luchtige boter. Blijf kloppen tot alles goed gemengd is. Schep de helft van de vulling uit de kom. Bewaar dit apart. Mix door de rest de gesmolten chocolade.

AFWERKING

De Choco Samba-clubcakes worden gevuld met een dubbele laag vulling. Dus schep de crèmes apart van elkaar in een spuitzak met een glad spuitmondje. Verdeel eerst de vanillecrème over de helft van de cakeplakjes. Spuit hier vervolgens de chocoladecrème op. Leg de andere helften erop en druk ze voorzichtig aan.

DUO

TWEE-KLEURENCLUBCAKE MET VANILLE- EN CHOCOLADECAKE GEVULD MET VANILLECRÈME

VOOR 10-12 CLUBCAKES

CAKE

½ cake recept Summer Clubcake (pag. 130)
½ cake recept Choco Samba Clubcake (pag. 134)

VANILLECRÈME

250 gr boter (op kamertemperatuur)
60 gr poedersuiker
250 gr banketbakkersroom (zie hoofdstuk Basisrecepten toppings op pag. 28)

GARNERING

100 gr gesmolten pure chocolade

CAKE

Maak een half recept Summer Clubcake en een half recept Choco Samba Clubcake.

VANILLECRÈME

Doe de zachte boter met de poedersuiker in de kom van een keukenmachine. Klop de boter rustig met de bisschophaak luchtig. Dit duurt minstens 10 minuten. Gebruik een mixer als je geen keukenmachine hebt. Roer de banketbakkersroom glad met een garde en voeg deze geleidelijk toe aan de luchtige boter. Blijf kloppen tot alles goed gemengd is.

GARNERING

Schep de vanillecrème in een spuitzak met een glad spuitmondje. Verdeel de crème over de helft van de cakeplakjes. Dit kun je ook met een spatel doen. Leg de andere helften erop en druk ze voorzichtig aan. Doop de gevulde clubcakes voor de helft in de gesmolten chocolade.

DOLCE VITA

CITROENCLUBCAKE MET MASCARPONECRÈME EN PISTACHENOOTJES

VOOR 10-12 CLUBCAKES

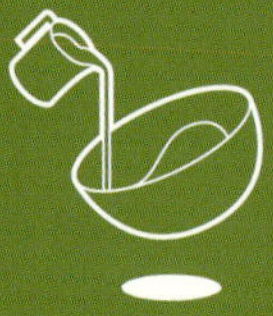

CAKE

120 gr boter, op kamertemperatuur
200 gr suiker
2 eieren
merg geschraapt uit een vanillestokje of
1 eetl. natuurlijk vanille-extract
Geraspte schil en sap van ½ citroen
200 ml melk
360 gr bloem
1 eetl. bakpoeder (7 gr)
mespunt zout

MASCARPONECRÈME

200 gr boter (op kamertemperatuur)
200 gr poedersuiker
merg geschraapt uit een vanillestokje of
1 eetl. natuurlijk vanille-extract
200 gr mascarpone (op kamertemperatuur)

GARNERING

100 gr gehakte pistachenootjes

CAKE

Verwarm de oven voor op 190 °C.
Doe de zachte boter met de suiker in een kom.
Klop de boter met de bisschopshaak rustig luchtig.
Voeg de eieren, de vanille, het sap en de rasp van de citroen en de melk toe. Mix 2 minuten. Zeef de bloem met de bakpoeder boven een andere kom. Meng het zout erdoor. Voeg beide mengsels bij elkaar en mix ze, op middelhoge stand, tot een glad beslag. Verdeel het deeg met behulp van een ijsknijper of spuit het in ronde cirkels met een spuitzak op bakpapier. In totaal maak je ongeveer 24 stuks. Doe dit niet te dicht op elkaar. Het deeg zal tijdens het bakken iets uitdrijven tot een soort eierkoeken. Bak de deegplakjes in ongeveer 10 minuten in de voorverwarmde oven gaar en laat ze uit de oven eerst afkoelen voordat je ze van het bakpapier afhaalt. Keer het bakpapier om en pel de cakeplakjes eraf, dit is het handigst.

MASCARPONECRÈME

Doe de zachte boter met de poedersuiker en de vanille in de kom van een keukenmachine. Klop de boter met de bisschopshaak rustig luchtig. Dit duurt minstens 10 minuten. Roer de mascarpone glad met een spatel en voeg deze geleidelijk toe aan de luchtige boter. Blijf kloppen tot alles goed gemengd is.

GARNERING

Schep de crème in een spuitzak met een glad spuitmondje en verdeel deze over de helft van de cakeplakjes. Leg de andere helften erop en druk ze voorzichtig aan. Rol de gevulde clubcakes met de zijkanten door de gehakte pistachenootjes.

'Fantasie moet de hand leiden, anders is het betekenisloos'

SPECIAL CUPCAKES

TAARTJES ZIJN PAS ECHT CREATIES, VRAAG MAAR AAN KINDEREN OP HET STRAND

Een speciaal dieet of een voedselallergie hoeft niet te betekenen dat je geen cupcakes kunt bakken of eten, integendeel. Vegan cupcakes bijvoorbeeld kun je heel lekker maken. Vegan (veganistisch) betekent zonder van dieren afkomstige producten zoals eieren, melk, boter en roomkaas. Ideaal voor iedereen die uit principe niets dierlijks wil eten of vanwege een 'voedseluitdaging' zoals een koemelkallergie. Met boekweitmeel maak ik heerlijke glutenvrije cupcakes. Pas wel op dat je glutenvrije cupcakes niet bakt in een ruimte waar ook met gewone bloem wordt gewerkt.

VEGAN VANILLECUPCAKES

VOOR 12 CUPCAKES

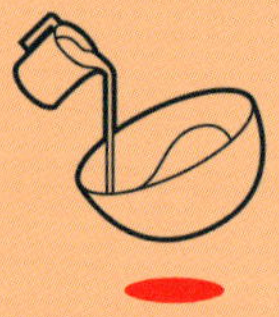

250 ml sojamelk
2 theel. natuurazijn
225 gr bloem
30 gr maïzena
1 eetl. bakpoeder (7 gr)
180 gr suiker
mespunt zout
80 ml zonnebloemolie
merg geschraapt uit een vanillestokje of
1 eetl. natuurlijk vanille-extract

Verwarm de oven voor op 180 °C.
Meng de sojamelk met de azijn en laat dit een paar minuten staan, zodat de sojamelk dikker wordt.
Zeef ondertussen de bloem, de maïzena en de bakpoeder boven een kom. Meng met een garde de suiker en het zout erdoor. Voeg hieraan de zonnebloemolie, de vanille en de sojamelk toe en mix het geheel, op lage stand, tot een glad beslag.
Mix het beslag vervolgens nog 10 seconden op de hoogste stand. Zet de cupcakevormpjes in de cupcaketray en vul ze voor driekwart met het beslag.
Bak de cupcakes in de voorverwarmde oven in ongeveer 25 minuten gaar.

VEGAN CHOCOLADECUPCAKES

VOOR 12 CUPCAKES

250 ml sojamelk
2 theel. natuurazijn
180 gr bloem
60 gr cacaopoeder
1 eetl. bakpoeder (7 gr)
180 gr suiker
mespunt zout
80 ml zonnebloemolie
merg geschraapt uit een vanillestokje of
1 eetl. natuurlijk vanille-extract

Verwarm de oven voor op 180 °C.
Meng de sojamelk met de azijn en laat dit een paar minuten staan, zodat de sojamelk dikker wordt. Zeef ondertussen de bloem, de cacaopoeder en de bakpoeder boven een kom. Meng met een garde de suiker en het zout erdoor. Voeg hieraan de zonnebloemolie, de vanille en de sojamelk toe en mix het geheel, op lage stand, tot een glad beslag.
Mix het beslag vervolgens nog 10 seconden op de hoogste stand. Zet de cupcakevormpjes in de cupcaketray en vul ze voor driekwart met het beslag.
Bak de cupcakes in de voorverwarmde oven in ongeveer 25 minuten gaar.

VEGAN CRAZY CARROT

CUPCAKE MET SOJAYOGHURT, WORTELTJES EN VANILLECRÈME

VOOR 12 CUPCAKES

CAKE

120 gr bloem
1 eetl. bakpoeder (7 gr)
160 gr suiker
mespunt zout
mespunt kaneel
mespunt gemberpoeder
80 ml soja yoghurt
200 gr fijngeraspte worteltjes
80 ml zonnebloemolie
50 gr gehakte walnoten
50 gr gewelde rozijnen

VEGAN VANILLECRÈME

125 gr plantaardig vet, bijv. crisco of palmvet
125 gr margarine
125 gr poedersuiker
merg geschraapt uit een vanillestokje of
1 eetl. natuurlijk vanille-extract
25 ml sojamelk

GARNERING

12 worteltjes
100 gr abrikozenjam
50 gr fijngehakte pistachenootjes

CAKE

Verwarm de oven voor op 180 °C. Zeef de bloem en de bakpoeder boven een kom. Meng met een garde de suiker, het zout en de specerijen erdoor. Mix in een andere kom de yoghurt, de geraspte wortel, de zonnebloemolie, de walnoten en de rozijnen. Voeg beide mengsels bij elkaar en mix ze, op lage stand, tot een glad beslag. Mix het beslag vervolgens nog 10 seconden op de hoogste stand. Zet de cupcakevormpjes in de cupcaketray en vul ze voor driekwart met het beslag. Bak de cupcakes in de voorverwarmde oven in ongeveer 25 minuten gaar.

VEGAN VANILLECRÈME

Klop het plantaardige vet met de margarine luchtig. Voeg de poedersuiker en de vanille toe. Klop als laatste de sojamelk erdoor.

GARNERING

Schrap de worteltjes schoon. Snijd ze in een mooi strak modelletje. Breng een pannetje met water aan de kook en dompel de worteltjes hier 10 seconden in (blancheren) en dan in ijswater. Roer de abrikozenjam los en haal de worteltjes erdoor. Schep de vanillecrème in een spuitzak met een kartelmondje. Spuit de crème direct op de afgekoelde carrot cupcakes. Garneer de cupcakes met fijngehakte pistachenootjes en de geglaceerde worteltjes.

DE BAKKERIJ ANNEX CULINAIRE STUDIO

van mijn beste vriend Robert van Beckhoven is al jaren mijn thuisbasis voor de patisserie. Ik kan er ongestoord experimenteren en we ondersteunen en stimuleren elkaar regelmatig bij bijzondere projecten. Zo verzorgden wij vanuit hier de productie voor de Bus Stop Bakery en bereiden we internationale demo's voor in onder andere Las Vegas, Kaapstad en Phoenix. In 2010 slaagden wij beiden als eersten in Nederland voor de titel gecertificeerd Meesterpatissier.

VEGAN CHOCOLATE PEANUTBUTTER AND JELLY

CHOCOLADECUPCAKE MET PINDACRÈME EN FRAMBOZENJAM

VOOR 12 CUPCAKES

CAKE
250 ml sojamelk
2 theel. natuurazijn
180 gr bloem
60 gr cacaopoeder
1 eetl. bakpoeder (7 gr)
180 gr suiker
mespunt zout
80 ml zonnebloemolie
merg geschraapt uit een vanillestokje of
1 eetl. natuurlijk vanille-extract

PINDACRÈME
125 gr pindakaas
125 gr margarine
125 gr poedersuiker
50 gr gesmolten pure chocolade

GARNERING
1 klein potje frambozenjam
50 gr gehakte pinda's
50 gr chocoladeballetjes of -hagelslag

CAKE

Verwarm de oven voor op 180 °C.
Meng de sojamelk met de azijn en laat dit een paar minuten staan, zodat de sojamelk dikker wordt. Zeef ondertussen de bloem, de cacaopoeder en de bakpoeder boven een kom. Meng met een garde de suiker en het zout erdoor. Voeg hieraan de zonnebloemolie, de vanille en de sojamelk toe en mix het geheel, op lage stand, tot een glad beslag. Mix het beslag vervolgens nog 10 seconden op de hoogste stand. Zet de cupcakevormpjes in de cupcaketray en vul ze voor driekwart met het beslag. Bak de cupcakes in de voorverwarmde oven in ongeveer 25 minuten gaar.

PINDACRÈME

Klop de pindakaas met de margarine luchtig. Voeg de poedersuiker toe. Klop als laatste de pure chocolade erdoor voor een mooie donkere uitstraling.

GARNERING

Schep de pindacrème in een spuitzak met een klein kartelmondje en spuit een ring op de rand van de cupcakes. Schep de frambozenjam in het midden van de crème en garneer de cupcakes met stukjes pinda en chocoladeballetjes of -hagelslag.

GLUTENVRIJE CUPCAKES

VOOR 12 CUPCAKES

4 eieren
120 gr suiker
120 gr boter
mespunt zout
1 eetl. bakpoeder (7 gr)
150 gr fijn boekweitmeel

Verwarm de oven voor op 175 °C. Splits de eieren. Mix in een kom de eidooiers met 80 gram van de suiker, de boter en het zout. Zeef het boekweitmeel en de bakpoeder en meng dit erdoor. Klop in een andere kom de eiwitten stijf. Voeg langzaam, al mixend, de overige 40 gram suiker toe. Spatel het eiwit door het beslag. Zet de cupcakevormpjes in de cupcaketray en vul ze voor driekwart met het beslag. Bak de cupcakes in de voorverwarmde oven in ongeveer 20 minuten gaar.

GLUTENVRIJE CHOCOLADECUPCAKES

VOOR 12 CUPCAKES

4 eieren
120 gr suiker
120 gr boter
mespunt zout
100 gr fijn boekweitmeel
1 eetl. bakpoeder (7 gr)
50 gr cacao

Verwarm de oven voor op 175 °C. Splits de eieren. Mix in een kom de eidooiers met 80 gram van de suiker, de boter en het zout. Zeef het boekweitmeel, de bakpoeder en de cacaopoeder en meng dit erdoor. Klop in een andere kom de eiwitten stijf. Voeg langzaam, al mixend, de overige 40 gram suiker toe. Spatel het eiwit door het beslag. Zet de cupcakevormpjes in de cupcaketray en vul ze voor driekwart met het beslag. Bak de cupcakes in de voorverwarmde oven in ongeveer 20 minuten gaar.

SUIKERVRIJE CUPCAKES

VOOR 10 CUPCAKES

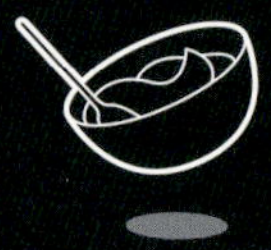

200 gr bloem
1 eetl. bakpoeder (7 gr)
mespunt zout
22 gr vloeibare zoetstof (staat gelijk aan 220 gr suiker)
1 ei
180 ml melk
60 ml zonnebloemolie
merg geschraapt uit een vanillestokje of
1 eetl. natuurlijk vanille-extract

Verwarm de oven voor op 180 °C.
Zeef de bloem en de bakpoeder boven een kom. Meng met een garde het zout erdoor. Mix in een andere kom de zoetstof met het ei, de melk, de zonnebloemolie en de vanille. Voeg beide mengsels bij elkaar en mix ze, op lage stand, tot een glad beslag. Mix het beslag vervolgens nog 10 seconden op de hoogste stand. Zet de cupcakevormpjes in de cupcaketray en vul ze voor driekwart met het beslag.
Bak de cupcakes in de voorverwarmde oven in ongeveer 25 minuten gaar.

EEN BOEK MAAK JE NOOIT ALLEEN...

Het is een sociaal en creatief proces dat je doorloopt met vrienden en collega's, waarbij je op je pad ook veel nieuwe mensen ontmoet. De weg naar dit boek was minstens zo waardevol als het eindresultaat vanwege de bijzondere contacten en samenwerking met al deze mensen.
Wat mij het meest heeft verrast, was het feit dat echt iedereen vrolijk en enthousiast wordt bij het zien en eten van cupcakes. Dit enthousiasme zie je duidelijk terug en kun je zelfs bijna proeven als je bladert door dit boek.

Graag wil ik iedereen bedanken voor zijn of haar aandeel aan de totstandkoming van *Rudolph's cupcakes*:

Astrid Denekamp
Bas Hoogendoorn
Bus Stop Bakery crew
Café De Gouden Bal
Chloë Wilms
Dennis van Hest
Dunya Festival
Esther Plaat
Eveline Melchers
Fernandes Zomercarnaval
Festival Extrema Outdoor
Festival Mundial
Francis Wehkamp
Harm Eekelaar
Jan Wiesebron
Joyce Walian
Judith Snels
Leonie van Mierlo
Marloes van Bijsterveldt
Peer de Wit
Robert van Beckhoven
Sam Walravens
Simone van den Berg
SS Rotterdam
Tilburg Hap Stap Festival
Tirza Prak
Tobias Slabbekoorn
Wilfred Kafoe

Dank jullie wel!

Rudolph

REGISTER

A

B

C

D

E

F

G

H

I